TGAU Ffrangeg CBAC

Louise Pearce, Bethan McHugh
a Chris Whittaker

Crown House Publishing
www.crownhouse.co.uk

Cymeradwywyd gan

cbac
wjec

Addasiad Cymraeg o *WJEC GCSE French* a gyhoeddwyd yn 2016 gan
Crown House Publishing Cyf.,
Crown Buildings, Bancyfelin, Caerfyrddin, SA33 5ND
www.crownhouse.co.uk
a
Crown House Publishing Company CAC
P.O. Box 2223, Williston, VT 05495
www.crownhousepublishing.com

Ariennir yn Rhannol gan **Lywodraeth Cymru**
Part Funded by **Welsh Government**

Cyhoeddwyd dan nawdd Cynllun Adnoddau Addysgu a Dysgu CBAC

Data *Catalogio drwy Gyhoeddi* y Llyfrgell Brydeinig

Mae cofnod catalog ar gyfer y llyfr hwn ar gael gan y Llyfrgell Brydeinig.

Gweler tudalen 242 am gydnabyddiaeth y lluniau.

ISBN 978-178583086-0

CYNNWYS

CYFLWYNO TGAU FFRANGEG CBAC 6

HUNANIAETH A DIWYLLIANT 9
UNED 1: DIWYLLIANT IEUENCTID
Modiwl 1a Yr hunan a pherthnasoedd
Modiwl 1b Technoleg a chyfryngau
   cymdeithasol

1a Yr hunan a pherthnasoedd (1) 10
1a Yr hunan a pherthnasoedd (2) 12
1a Yr hunan a pherthnasoedd (3) 14
1a Yr hunan a pherthnasoedd: Rhestr Eirfa 16
1b Technoleg a chyfryngau cymdeithasol (1) 20
1b Technoleg a chyfryngau cymdeithasol (2) 22
1b Technoleg a chyfryngau cymdeithasol (3) 24
1b Technoleg a chyfryngau cymdeithasol:
   Rhestr Eirfa 26
1a ac 1b Gramadeg yn ei Gyd-destun 28

CYMRU A'R BYD – MEYSYDD O
DDIDDORDEB 31
UNED 1: Y CARTREF A'R ARDAL LEOL
Modiwl 2a Ardaloedd lleol o ddiddordeb
Modiwl 2b Teithio a thrafnidiaeth

2a Ardaloedd lleol o ddiddordeb (1) 32
2a Ardaloedd lleol o ddiddordeb (2) 34
2a Ardaloedd lleol o ddiddordeb (3) 36
2a Ardaloedd lleol o ddiddordeb: Rhestr Eirfa . . . 38
2b Teithio a thrafnidiaeth (1) 42
2b Teithio a thrafnidiaeth (2) 44
2b Teithio a thrafnidiaeth (3) 46
2b Teithio a thrafnidiaeth: Rhestr Eirfa 48
2a a 2b Gramadeg yn ei Gyd-destun 50

ASTUDIAETH GYFREDOL,
ASTUDIAETH YN Y DYFODOL
A CHYFLOGAETH 53
UNED 1: ASTUDIAETH GYFREDOL
Modiwl 3a Bywyd ysgol/coleg
Modiwl 3b Astudiaethau ysgol/coleg

3a Bywyd ysgol/coleg (1) 54
3a Bywyd ysgol/coleg (2) 56
3a Bywyd ysgol/coleg (3) 58
3a Bywyd ysgol/coleg: Rhestr Eirfa 60
3b Astudiaethau ysgol/coleg (1) 64
3b Astudiaethau ysgol/coleg (2) 66
3b Astudiaethau ysgol/coleg (3) 68
3b Astudiaethau ysgol/coleg: Rhestr Eirfa 70
3a a 3b Gramadeg yn ei Gyd-destun 74

HUNANIAETH A DIWYLLIANT 77
UNED 2: FFORDD O FYW
Modiwl 4a Iechyd a ffitrwydd
Modiwl 4b Adloniant a hamdden

4a Iechyd a ffitrwydd (1) 78
4a Iechyd a ffitrwydd (2) 80
4a Iechyd a ffitrwydd (3) 82
4a Iechyd a ffitrwydd: Rhestr Eirfa 84
4b Adloniant a hamdden (1) 88
4b Adloniant a hamdden (2) 90
4b Adloniant a hamdden (3) 92
4b Adloniant a hamdden: Rhestr Eirfa 94
4a a 4b Gramadeg yn ei Gyd-destun 98

CYMRU A'R BYD – MEYSYDD O DDIDDORDEB 101

UNED 2: Y BYD EHANGACH

Modiwl 5a Nodweddion lleol a rhanbarthol Ffrainc a gwledydd Ffrangeg eu hiaith

Modiwl 5b Gwyliau a thwristiaeth

5a Nodweddion lleol a rhanbarthol Ffrainc a gwledydd Ffrangeg eu hiaith (1) 102

5a Nodweddion lleol a rhanbarthol Ffrainc a gwledydd Ffrangeg eu hiaith (2) 104

5a Nodweddion lleol a rhanbarthol Ffrainc a gwledydd Ffrangeg eu hiaith (3) 106

5a Nodweddion lleol a rhanbarthol Ffrainc a gwledydd Ffrangeg eu hiaith: Rhestr Eirfa . . 108

5b Gwyliau a thwristiaeth (1) 110

5b Gwyliau a thwristiaeth (2) 112

5b Gwyliau a thwristiaeth (3) 114

5b Gwyliau a thwristiaeth: Rhestr Eirfa 116

5a a 5b Gramadeg yn ei Gyd-destun 118

ASTUDIAETH GYFREDOL, ASTUDIAETH YN Y DYFODOL A CHYFLOGAETH 121

UNED 2: MENTER, CYFLOGADWYEDD A CHYNLLUNIAU AR GYFER Y DYFODOL

Modiwl 6a Cyflogaeth

Modiwl 6b Sgiliau a rhinweddau personol

6a Cyflogaeth (1) 122

6a Cyflogaeth (2) 124

6a Cyflogaeth (3) 126

6a Cyflogaeth: Rhestr Eirfa 128

6b Sgiliau a rhinweddau personol (1) 130

6b Sgiliau a rhinweddau personol (2) 132

6b Sgiliau a rhinweddau personol (3) 134

6b Sgiliau a rhinweddau personol: Rhestr Eirfa . 136

6a a 6b Gramadeg yn ei Gyd-destun 138

HUNANIAETH A DIWYLLIANT 141

UNED 3: ARFERION A THRADDODIADAU

Modiwl 7a Bwyd a diod

Modiwl 7b Gwyliau a dathliadau

7a Bwyd a diod (1) 142

7a Bwyd a diod (2) 144

7a Bwyd a diod (3) 146

7a Bwyd a diod: Rhestr Eirfa 148

7b Gwyliau a dathliadau (1) 152

7b Gwyliau a dathliadau (2) 154

7b Gwyliau a dathliadau (3) 156

7b Gwyliau a dathliadau: Rhestr Eirfa 158

7a a 7b Gramadeg yn ei Gyd-destun 160

CYMRU A'R BYD – MEYSYDD O DDIDDORDEB 163

UNED 3: CYNALIADWYEDD BYD-EANG

Modiwl 8a Yr amgylchedd

Modiwl 8b Materion cymdeithasol

8a Yr amgylchedd (1) 164

8a Yr amgylchedd (2) 166

8a Yr amgylchedd (3) 168

8a Yr amgylchedd: Rhestr Eirfa 170

8b Materion cymdeithasol (1) 174

8b Materion cymdeithasol (2) 176

8b Materion cymdeithasol (3) 178

8b Materion cymdeithasol: Rhestr Eirfa 180

8a ac 8b Gramadeg yn ei Gyd-destun 182

ASTUDIAETH GYFREDOL, ASTUDIAETH YN Y DYFODOL A CHYFLOGAETH 185

UNED 3: MENTER, CYFLOGADWYEDD A CHYNLLUNIAU AR GYFER Y DYFODOL

Modiwl 9a Astudiaeth ôl-16

Modiwl 9b Cynlluniau gyrfa

9a Astudiaeth ôl-16 (1). 186

9a Astudiaeth ôl-16 (2). 188

9a Astudiaeth ôl-16 (3). 190

9a Astudiaeth ôl-16: Rhestr Eirfa 192

9b Cynlluniau gyrfa (1) 194

9b Cynlluniau gyrfa (2) 196

9b Cynlluniau gyrfa (3) 198

9b Cynlluniau gyrfa: Rhestr Eirfa. 200

9a a 9b Gramadeg yn ei Gyd-destun. 202

GRAMADEG. 205

   TERMAU GRAMADEG 206

   CRYNODEB GRAMADEG. 207

      TABLAU BERFAU 232

CYFEIRIADAU AT FFYNONELLAU 241

CYDNABYDDIAETH – LLUNIAU 242

CYFLWYNO TGAU FFRANGEG CBAC

Mae TGAU Ffrangeg CBAC wedi ei rannu yn dair prif thema. Mae gan bob thema is-themâu sydd wedi eu rhannu yn fodiwlau.

Mae hyn yn gwneud cyfanswm o ddeunaw modiwl i'w hastudio yn ystod y cwrs. Mae'r llyfr hwn wedi ei rannu yn yr un ffordd.

HUNANIAETH A DIWYLLIANT	CYMRU A'R BYD – MEYSYDD O DDIDDORDEB	ASTUDIAETH GYFREDOL, ASTUDIAETH YN Y DYFODOL A CHYFLOGAETH
DIWYLLIANT IEUENCTID • Yr hunan a pherthnasoedd • Technoleg a chyfryngau cymdeithasol **FFORDD O FYW** • Iechyd a ffitrwydd • Adloniant a hamdden **ARFERION A THRADDODIADAU** • Bwyd a diod • Gwyliau a dathliadau	**Y CARTREF A'R ARDAL LEOL** • Ardaloedd lleol o ddiddordeb • Teithio a thrafnidiaeth **Y BYD EHANGACH** • Nodweddion lleol a rhanbarthol Ffrainc a gwledydd Ffrangeg eu hiaith • Gwyliau a thwristiaeth **CYNALIADWYEDD BYD-EANG** • Yr amgylchedd • Materion cymdeithasol	**ASTUDIAETH GYFREDOL** • Bywyd ysgol/coleg • Astudiaethau ysgol/coleg **MENTER, CYFLOGADWYEDD A CHYNLLUNIAU AR GYFER Y DYFODOL** • Cyflogaeth • Sgiliau a rhinweddau personol • Astudiaeth ôl-16 • Cynlluniau gyrfa

Mae'r arholiad wedi ei rannu yn gyfartal ar draws y pedwar maes sgiliau: DARLLEN, GWRANDO, SIARAD ac YSGRIFENNU Mae pob arholiad yn werth 25%.

Yn yr arholiad DARLLEN bydd yn rhaid i chi:

• ateb cwestiynau mewn arddulliau gwahanol
• ateb tri chwestiwn yn Ffrangeg
• ateb dau gwestiwn ar destunau llenyddol
• cyfieithu i'r Gymraeg

Yn yr arholiad GWRANDO bydd yn rhaid i chi:

• ateb cwestiynau mewn arddulliau gwahanol
• ateb dau gwestiwn yn Ffrangeg

Yn yr arholiad SIARAD bydd yn rhaid i chi baratoi'r canlynol:

• chwarae rôl
• llun ar gerdyn
• sgwrsio ar ddwy thema

Yn yr arholiad YSGRIFENNU bydd yn rhaid i chi:

• ysgrifennu mewn arddulliau gwahanol am y tair thema
• cyfieithu i'r Ffrangeg

DRWY'R LLYFR, BYDDWCH YN GWELD YR EICONAU CANLYNOL:

DARLLEN

Mae'r gwerslyfr yn cynnwys digon o ymarferion darllen ar yr holl bynciau a allai ymddangos yn yr arholiad. Mae rhai yn cynnwys cwestiynau yn Gymraeg, rhai yn Ffrangeg, rhai yn gofyn am atebion di-eiriau (fel llythyren neu rif) ac mae eraill yn gofyn am ateb ysgrifenedig byr. Mae testun llenyddol a chyfieithiad i'r Gymraeg ym mhob modiwl hefyd. O ran eu harddull, mae'r cwestiynau yn debyg i'r rhai allai ymddangos yn yr arholiad.

GWRANDO

Mae llawer o ymarferion gwrando ar y pynciau i gyd. Maen nhw'n cynnwys arddulliau cwestiynau gwahanol sy'n debyg i'r rhai yn yr arholiad.

SIARAD

Mae tair tasg yn yr arholiad siarad. Mae pob modiwl yn cynnwys llun ar gerdyn gyda chwestiynau enghreifftiol, set o ysgogiadau chwarae rôl i chi eu paratoi a set o awgrymiadau o gwestiynau sgwrsio.

YSGRIFENNU

Mae pob modiwl yn cynnwys tasgau wedi eu strwythuro'n ofalus sy'n debyg o ran eu gofynion i'r arholiad ysgrifennu. Mae cyfieithiad i'r Ffrangeg ym mhob modiwl hefyd.

YCHWANEGOL

Mae rhai ymarferion yn cynnwys adran ychwanegol er mwyn cynnig ymarfer iaith ychwanegol i chi neu gwestiynau mwy heriol.

GRAMADEG

Mae gramadeg yn rhan bwysig iawn o'r arholiad TGAU. Mae blychau gramadeg yn esbonio'r holl bwyntiau gramadeg mae angen i chi eu dysgu. Mae adran 'Gramadeg yn ei gyd-destun' hefyd ar ddiwedd pob is-thema (dau fodiwl) gydag ymarferion ymarfer, ynghyd â chrynodeb gramadeg sy'n cynnwys tablau berfau yng nghefn y llyfr.

Drwy'r llyfr, rydym yn amlygu geiriau a brawddegau pwysig neu bethau y mae angen i chi eu gwybod neu eu hymarfer.

Ar ddiwedd pob modiwl mae rhestr o eirfa ddefnyddiol sy'n seiliedig ar fanyleb TGAU CBAC.

THEMA: HUNANIAETH A DIWYLLIANT

UNED 1

DIWYLLIANT IEUENCTID

DARLLEN

Darllenwch y golofn glecs am y bobl enwog Ffrengig Nolwenn Leroy ac Arnaud Clément. Dewiswch y pum gosodiad cywir.

C'est LA rumeur de cette semaine : la réconciliation entre la chanteuse, Nolwenn Leroy et le joueur de tennis, Arnaud Clément.

D'après certains fans sur Twitter, les deux jeunes célèbres sortent ensemble. Ce soir ils mangent un dîner en tête-à-tête au restaurant aux Caraïbes, à la plage. Nolwenn porte une robe noire et Arnaud porte un complet noir. Le couple a l'air d'être content. Les rumeurs parlent d'une réconciliation !

Un ami de Nolwenn a présenté Nolwenn à Arnaud. C'est la deuxième fois ce mois qu'ils sortent ensemble.

1. Y stori yw si'r mis.
2. Y stori yw si'r wythnos.
3. Mae Nolwenn ac Arnaud yn gantorion.
4. Mae Nolwenn yn gantores.
5. Mae Nolwenn ac Arnaud yn cael swper heno.
6. Bydd Nolwenn ac Arnaud yn cael swper yfory.
7. Mae'r pâr yn teimlo embaras.
8. Mae'r pâr yn hapus.
9. Dim ond eisiau bod yn ffrindiau gydag Arnaud roedd Nolwenn.
10. Ffrind Nolwenn wnaeth ei chyflwyno i Arnaud.

YSGRIFENNU

Écris une phrase au sujet de:
- Ta famille
- Tes amis
- Toi – physiquement
- Toi – personnalité

YCHWANEGOL

Écris des phrases au sujet d'un problème ou d'une inquiétude d'un de tes amis.

Amser presennol

GRAMADEG

Mae'n bwysig iawn eich bod yn adolygu'r **amser presennol** yn gyson. Rydym yn ei ddefnyddio i sôn am rywbeth sy'n digwydd nawr neu rywbeth sy'n digwydd yn rheolaidd.

Yn Ffrangeg, mae llawer o ferfau yn yr amser presennol yn dilyn y patrwm 1, 2, 3 isod:

	Math o ferf	Enghraifft	Cymraeg
1.	-er	donner	rhoi
2.	-ir	finir	gorffen
3.	-re	vendre	gwerthu

Cofiwch fod gan bob patrwm 1, 2, 3 derfyniadau gwahanol. Gwiriwch y patrymau isod ar gyfer y ffurf **je** a **tu**. Mae'r tablau berfau llawn ar dudalennau 232–240 er mwyn i chi allu eu gwirio.

1. donner
- je donne – rydw i'n rhoi
- tu donnes – rwyt ti'n rhoi (unigol)

2. finir
- je finis – rydw i'n gorffen
- tu finis – rwyt ti'n gorffen (unigol)

3. vendre
- je vends – rydw i'n gwerthu
- tu vends – rwyt ti'n gwerthu (unigol)

DARLLEN

Cyfieithwch y brawddegau hyn i'r Gymraeg:
1. Mon meilleur ami est amusant, sympa et compréhensif.
2. Ma sœur a beaucoup d'amies.
3. Je m'entends bien avec mes parents.
4. Quelles sont les qualités d'un bon ami ?

DARLLEN

Darllenwch yr erthygl papur newydd ac atebwch y cwestiynau yn Gymraeg.

Aidez-moi, j'aimerais changer

Ludovic, 14 ans, aimerait devenir quelqu'un d'autre.

Ludovic: Je ne trouve que du négatif dans ma personnalité (je suis timide, ennuyeux...) et j'aimerais changer. Je voudrais être quelqu'un d'autre, changer mon look mais j'ai aussi peur !

Réponse: Tu sais, cher Ludovic, tu n'es pas le seul dans ce cas, surtout à ton âge. La fin du collège, c'est une période durant laquelle on se pose plein de questions, et on n'est plus sûr de rien. Trouver son look, c'est difficile – d'une part tu veux suivre la masse et d'autre part tu veux te distinguer ! L'important, c'est que tu portes des vêtements que tu aimes, ça te donnera de l'assurance.

1. Beth mae Ludovic eisiau ei wneud?
2. Enwch **ddau** o nodweddion cymeriad Ludovic.
3. Ar ba adeg yn eu bywyd mae pobl ifanc yn tueddu i'w cwestiynu eu hunain?
4. Pa **ddau** reswm mae'r papur newydd yn eu rhoi i esbonio'r anhawster mae Ludovic yn ei wynebu?
5. Beth sy'n bwysig?
6. Pam mae hyn yn bwysig?

YCHWANEGOL

Cyfieithwch y pedair brawddeg a danlinellwyd i'r Gymraeg.

SIARAD

Llun ar gerdyn

- Décris cette photo/Qu'est-ce qui se passe sur cette photo ?
- Comment sont tes amis ?
- Quelles sont les qualités d'un bon ami ?
- Qu'est-ce que tu as fait avec tes amis le weekend dernier ?
- Les jeunes s'entendent mieux avec leurs amis qu'avec leurs parents. Qu'en penses-tu ?

GRAMADEG

Cymerwch ofal! Yn Ffrangeg, mae llawer o ferfau amser presennol yn afreolaidd. Gallwch weld y rhain ar dudalen 224. Dyma rai o'r berfau afreolaidd cyffredin:

être – bod
- je suis – rydw i
- tu es – rwyt ti (unigol)

avoir – cael
- j'ai – mae gen i
- tu as – mae gen ti (unigol)

faire – gwneud
- je fais – rydw i'n gwneud
- tu fais – rwyt ti'n gwneud (unigol)

aller – mynd
- je vais – rydw i'n mynd
- tu vas – rwyt ti'n mynd (unigol)

GWRANDO

Écoute l'interview avec Charlotte et Benjamin. Quels sont leurs problèmes ? Coche les bonnes cases.

	Métier	Famille	Amis
Charlotte			
Benjamin			

YCHWANEGOL

Allwch chi ddod o hyd i sut maen nhw'n dweud y canlynol?
1. Oherwydd bod gen i broblemau
2. Mae popeth yn achosi straen i mi

DARLLEN

Lis les messages personnels sur un site Internet pour correspondants.

Luc : J'ai quinze ans. Je suis artiste, calme mais un peu paresseux !

Sylvie : J'ai seize ans et je suis sportive. J'adore être dehors. Ma passion c'est l'équitation.

Arnaud : J'ai quatorze ans. Je passe tout mon temps sur le Xbox Live en jouant Fifa !

Eric : Je viens de fêter mon seizième anniversaire. J'adore sortir avec mes copains. Les films sont ma vie !

Écris le bon nom.

1. Qui aime le cinéma ?
2. Qui adore les chevaux ?
3. Qui n'est pas travailleur ?
4. Qui est en forme ?
5. Qui aime dessiner ?
6. Qui est le plus jeune ?

DARLLEN

Darllenwch y testun isod o hunangofiant y rapiwr/canwr Diam gan Mélanie Georgides ac atebwch y cwestiynau yn Gymraeg.

Je suis née le vingt-cinq juillet 1980 à Chypre, dans la ville de Nicosie. Je ne suis pas née en France parce que ma mère s'est mariée avec un homme qui vient de Chypre. Mon père était très fier le jour de ma naissance.

Le choix de mon prénom a créé une grande dispute entre mes parents. Ma mère voulait m'appeler Mélanie, en référence à une chanteuse qu'elle admirait dans les années soixante-dix. Alors que mon père a choisi le nom de sa mère – Avgusta.

1. Pa ddyddiad cafodd hi ei geni?
2. Pam na chafodd ei geni yn Ffrainc?
3. Sut roedd ei thad yn teimlo pan gafodd ei geni?
4. Am beth roedd ei rhieni'n dadlau?
5. Pwy oedd Mélanie?
6. Pam roedd ei thad eisiau ei galw'n Avgusta?

GWRANDO

Gwrandewch ar Clara yn siarad am ei theulu. Gwnewch nodiadau am olwg a phersonoliaethau'r bobl ganlynol yn Gymraeg.

- Clara
- Yves
- Maude
- Guillaume

YSGRIFENNU

Réponds aux questions. Écris au moins une phrase pour chaque question.

- Décris ton ami(e) idéal(e).
- Qu'est-ce que tu aimes faire avec tes amis ?
- Qu'est-ce que tu vas faire avec ta famille ce weekend ?
- Décris et donne tes opinions sur une famille célèbre.

GRAMADEG

Ansoddeiriau

Mae tri phwynt pwysig am ansoddeiriau yn Ffrangeg:

1. Gwiriwch derfyniad yr ansoddair. Ydy e'n unigol (e.e. le garçon **intelligent**) neu'n lluosog (e.e. les garçons **intelligents**)?
2. Gwiriwch fod yr ansoddair yn y lle cywir. Mae'r rhan fwyaf o ansoddeiriau yn mynd ar ôl yr enw yn Ffrangeg (cymerwch ofal – mae rhai eithriadau!).
3. Gwiriwch sillafiad yr ansoddair. A yw'r enw yn wrywaidd (e.e. le garçon **intelligent**) neu'n fenywaidd (e.e. la fille **intelligente**)?

Gwiriwch dudalennau 210–212 i gael mwy o wybodaeth am ansoddeiriau.

Cofiwch:

- Fel arfer rydych yn troi ansoddair yn fenywaidd drwy ychwanegu 'e'.
- Os yw ansoddair yn gorffen gydag 'e' yn barod, mae'n aros yr un peth.
- Cymerwch ofal – mae llawer o ffurfiau benywaidd afreolaidd. Gwiriwch dudalen 210.

Gofyn cwestiynau

GRAMADEG

Cofiwch fod tair ffordd sylfaenol o ofyn cwestiynau yn Ffrangeg:

1. Codi eich llais ar ddiwedd y gosodiad fel y bydd yn troi'n gwestiwn
   e.e. Tu vas au restaurant ce soir ?
2. Rhoi *Est-ce que* o flaen y frawddeg.
   e.e. Est-ce que tu vas au restaurant ce soir ?
3. Newid trefn y goddrych a'r ferf.
   e.e. Vas-tu au restaurant ce soir ?

Edrychwch ar y tabl isod am rai o'r geiriau cwestiwn a ddefnyddir amlaf.

Ffrangeg	Cymraeg
Qui ?	Pwy?
Comment ?	Sut?
Où ?	Ble?
Quel(le)(s) ?	Pa?
Pourquoi ?	Pam?
Quand ?	Pryd?
Combien ?	Faint?

Chwarae rôl

SIARAD

- Disgrifiwch eich hoff berson enwog
- Dywedwch sut rydych chi'n cyd-dynnu'n dda â'ch ffrindiau
- Dywedwch beth wnaethoch chi gyda'ch ffrindiau ddoe
- Gofynnwch i'ch ffrind a oes ganddo/ganddi frodyr neu chwiorydd
- Gofynnwch gwestiwn am ffasiwn i'ch ffrind
- Dywedwch beth byddwch yn ei wisgo i barti yn ystod y penwythnos

1A YR HUNAN A PHERTHNASOEDD (3)

DARLLEN

Lis ce que disent Victoria et Richard sur la mode.
Complète les phrases avec les mots corrects.

VICTORIA

Moi, j'adore suivre les styles dans les (1) _____. Je prends l'exemple de tous les mannequins. Ma (2) _____ c'est visiter les boutiques en (3) _____ au 'dernier' quartier. Je m'inspire des (4) _____. Pour un bon look, il faut absolument porter de (5) _____ lunettes de soleil !

RICHARD

Le (6) _____ look ne m'attire pas ! Tout ce dont j'ai besoin ce (7) _____ les jeans, le tee-shirt et les baskets. Je ne me sacrifie pas à la mode. Je (8) _____ faire attention au budget et pour moi c'est le confort avant tout.

actrice
actrices
dernier
dois
est
faut

grandes
magasins
magazines
passion
petit
premier

sont
village
ville
doit

YCHWANEGOL

Chwiliwch am y ffurfiau Ffrangeg o'r brawddegau isod:
1. Yr unig beth sydd ei angen arnaf yw
2. Rhaid i mi fod yn ofalus
3. Rydw i wrth fy modd yn dilyn
4. Rhaid i chi
5. Rwy'n cael fy ysbrydoli

SIARAD

Sgwrs
- Décris un(e) de tes ami(e)s.
- Aimes-tu la mode ?
- Quel look préfères-tu ?
- Qui est ta personne célèbre préférée ? Pourquoi ?
- Qu'est-ce que tu vas porter ce weekend ?
- À ton avis, est-ce que les personnes célèbres influencent les jeunes ?

DARLLEN

Darllenwch yr erthygl gylchgrawn am y model o Ffrainc, Isabelle Caro. Yna darllenwch y gosodiadau isod a phenderfynwch a ydynt yn gywir neu'n anghywir.

Isabelle Caro est en passe de devenir une vraie star. A l'occasion de sa première interview, donnée à Love Magazine, la jolie fillette a raconté sa vie de célébrité et n'a pas oublié de remercier le grand ami de sa maman, Karl Lagerfeld.

Isabelle ressemble à sa mère à son âge. Elle est depuis mars dernier le mannequin d'une campagne de lunettes de soleil, signée Dior. Derrière ce joli contrat, un célèbre bienfaiteur : Karl Lagerfeld, que lui a présenté sa maman.

Isabelle Caro est une jeune fille qu'il connaît maintenant depuis 8 ans, « la moitié de sa vie », dit-elle. « Il y a des photos de moi bébé portant les chaussures à talons de ma mère ».

1. Dyma ei chyfweliad cyntaf.
2. Mae Karl Lagerfeld yn ffrind i'w thad.
3. Mae Isabelle yn debyg i'w mam pan oedd yn ifanc.
4. Mae Isabelle wedi bod yn gweithio fel model ers Mehefin diwethaf.
5. Mae Isabelle yn hysbysebu hufen haul.
6. Mae Karl wedi adnabod Isabelle gydol ei bywyd.

GWRANDO

Gwrandewch ar y cyfweliad ar *Radio France* â Bafétimbi Gomis, y pêl-droediwr o Ffrainc, ac atebwch y cwestiynau yn Gymraeg.

1. Pryd yn union cafodd ei eni?
2. Ym mha ardal o Toulon y tyfodd ef i fyny?
3. Beth wnaeth ef pan oedd yn 15 oed?
4. Pam mae ef mor hapus nawr?
5. Am beth mae ef eisiau diolch i bobl?

YSGRIFENNU

Cyfieithwch y brawddegau hyn i'r Ffrangeg:

1. Ffrind ei mam yw Karl.
2. Mae Isabelle wedi bod yn fodel ers mis Gorffennaf diwethaf.
3. Mae Isabelle yn modelu sbectol haul.
4. Mae Karl wedi ei hadnabod am hanner ei bywyd.

Ansoddeiriau meddiannol

GRAMADEG

Cofiwch fod yn rhaid i ansoddeiriau meddiannol gytuno â'r enwau sy'n eu dilyn e.e. mon oncle, ta sœur.

Nid oes gwahaniaeth rhwng y gwrywaidd a'r benywaidd yn y lluosog e.e. mes oncles, mes sœurs.

	Gwrywaidd	Benywaidd	Lluosog
fy	mon	ma	mes
dy	ton	ta	tes
ei ... ef/ ei ... hi	son	sa	ses
ein	notre	notre	nos
eich	votre	votre	vos
eu	leur	leur	leurs

aîné(e)	hynaf
l'amour	cariad
un beau-enfant	llysblentyn
un beau-fils	mab yng nghyfraith/llysfab
un beau-frère	brawd yng nghyfraith
un beau-père	llystad/tad yng nghyfraith
un bébé	baban
une belle-fille	merch yng nghyfraith/llysferch
une belle-mère	llysfam/mam yng nghyfraith
une belle-sœur	chwaer yng nghyfraith
cadet(te)	ifancaf
la camaraderie	cyfeillgarwch
connu(e)	enwog
un cousin	cefnder
une cousine	cyfnither
la date de naissance	dyddiad geni
un demi-frère	hanner brawd, llysfrawd
une demi-sœur	hanner chwaer, llyschwaer
divorcé(e)	wedi ysgaru
un(e) enfant	plentyn
une famille	teulu
une femme	gwraig/menyw
une fille	merch
une fille unique	unig blentyn (merch)
un fils	mab
un fils unique	unig blentyn (bachgen)
un frère	brawd
un garçon	bachgen
une grand-mère	mam-gu/nain
un grand-père	tad-cu/taid
un homme	dyn

les jumeaux/les jumelles	gefeilliaid
le lieu de naissance	man geni
madame	Mrs
mademoiselle	Miss
un mari	gŵr
marié(e)	priod
une mère	mam
monsieur	Mr
né(e)	wedi'i eni/wedi'i geni
un neveu	nai
une nièce	nith
un oncle	ewythr
un père	tad
proche	agos
le rapport	perthynas
séparé(e)	wedi gwahanu
une sœur	chwaer
une tante	modryb

accueillir	croesawu
adorer	caru
aider	helpu
aimer	hoffi
avoir la permission de	cael caniatâd i
avoir raison	bod yn gywir
avoir tort	bod yn anghywir
comprendre	deall
détester	casáu
discuter	trafod
être amis	bod yn ffrindiau
faire la connaissance	dod i adnabod
interdire	gwahardd
pas juste	annheg
permettre	caniatáu
saluer	cyfarch
s'entendre	cyd-dynnu, cytuno, dod ymlaen
se marier	priodi
vouloir	eisiau

à carreaux	â phatrwm sgwariau
à la mode	ffasiynol
aller bien	gweddu; teimlo'n dda
une bague	modrwy
des baskets	esgidiau ymarfer
un blouson	siaced
bon marché	rhad
des bottes	bŵts
des boucles d'oreille	clustdlysau
une boutique	siop ffasiwn
une casquette	cap
une ceinture	belt
un chapeau	het
des chaussettes	hosanau
des chaussures	esgidiau
une chemise	crys
cher, chère	drud
un collant	teits
un collier	cadwyn
un complet	siwt
une cravate	tei
une écharpe	sgarff
essayer	trio ymlaen
des gants	menig
grand(e)	mawr
une jupe	sgert
un imperméable	cot law
un maillot de bain	gwisg nofio
un manteau	cot
le maquillage	colur
la mode	ffasiwn
une montre	oriawr
un pantalon	trowsus
payer	talu
petit(e)	bach
porter	gwisgo; cario
un pull	siwmper
rayé(e)	streipiog

une robe	ffrog
le rouge à lèvres	minlliw
un sac	bag
un sac à main	bag llaw
une salle d'essayage	ystafell newid
serré(e)	tynn/cul
taille	maint
une veste	siaced
des vêtements	dillad

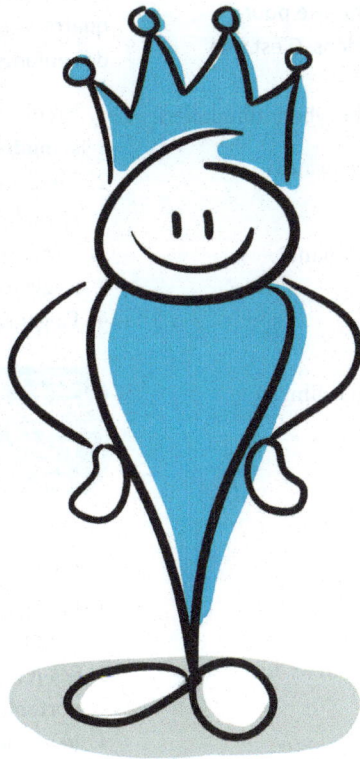

DARLLEN

Darllenwch yr erthygl 'Mini-dico des réseaux sociaux'. Yna dewiswch yr ateb cywir – efallai bydd mwy nag un ateb i bob cwestiwn.

Facebook

Ses plus : C'est le réseau que les enfants adorent. Sur Facebook, ils peuvent cultiver leur cercle d'amis, partager des photos et vidéos.
Ses moins : C'est très addictif. C'est une entreprise commerciale qui garde des infos sur les utilisateurs. Rien n'est gardé secret...

Snapchat

Ses plus : Les jeunes sont accros à cette application permettant d'envoyer une photo ou une vidéo.
Ses moins : Il y a un risque de cyberintimidation.

WhatsApp

Ses plus : C'est une messagerie gratuite pour échanger des textes, images ou vidéos. C'est une application pour chatter.
Ses moins : Quelquefois il y a de la cyberintimidation.

Yn ôl y testun, pa safle(oedd) rhwydwaith cymdeithasol ...

1. sy'n cael ei ddefnyddio gan bobl ifanc?
   a. Facebook
   b. Snapchat
   c. WhatsApp
2. sy'n rhoi rhai gwasanaethau am ddim?
   a. Facebook
   b. Snapchat
   c. WhatsApp
3. sy'n gallu arwain at seiberfwlio?
   a. Facebook
   b. Snapchat
   c. WhatsApp
4. sydd ddim yn gallu sicrhau preifatrwydd?
   a. Facebook
   b. Snapchat
   c. WhatsApp
5. sy'n fusnes?
   a. Facebook
   b. Snapchat
   c. WhatsApp

DARLLEN

Darllenwch yr erthygl 'Le Mobile et l'ado'. Atebwch y cwestiynau yn Gymraeg.

<u>Un portable permet aux jeunes de se connecter avec leurs amis</u> et favorise l'autonomie. <u>C'est pourquoi</u> le portable est devenu l'un des objets indispensables de l'adolescence !

<u>Les jeunes font des échanges</u> avec leurs amis par SMS, MMS et sur <u>les réseaux sociaux</u>. Les portables servent aussi pour la conversation avec <u>leurs meilleurs amis</u>. Il est essentiel pour les jeunes de <u>construire des liens sociaux</u>. Les adolescents envoient en moyenne quatre-vingts SMS par jour. Soixante-huit pour cent des enfants envoient des SMS <u>plusieurs fois par jour.</u>

1. Yn ôl yr erthygl, beth yw manteision cael ffôn symudol?
2. I wneud beth mae pobl ifanc yn defnyddio'u ffonau symudol?
3. Sawl SMS mae person ifanc yn ei anfon bob dydd ar gyfartaledd?
4. Pa ganran o bobl ifanc sy'n anfon SMS bob dydd?

YCHWANEGOL

Cyfieithwch y brawddegau a danlinellwyd yn y testun i'r Gymraeg.

DARLLEN

Cyfieithwch y brawddegau hyn i'r Gymraeg:
1. La technologie est très importante dans ma vie.
2. Ma mère n'utilise pas de réseaux sociaux.
3. Les jeunes passent trop de temps sur les portables.
4. Je voudrais un nouvel ordinateur.

GRAMADEG

Arddodiaid

Yn Ffrangeg mae mwy nag un ffordd o gyfieithu arddodiad.

Er enghraifft, gallech gyfieithu **yn** i'r Ffrangeg drwy ddefnyddio dans, en neu à.

Dyma dri o'r arddodiaid mwyaf cyffredin. Edrychwch ar dudalen 218 am fwy o arddodiaid.

1. Cyn
   avant (cyn + amser) – e.e. avant le dîner
   déjà (yn barod) – e.e. Je l'ai déjà vu
   devant (o flaen) – e.e. devant l'ordinateur
2. Yn/mewn
   à – e.e. à Lyon, à la mode
   dans – e.e. dans un magasin
   en – e.e. en France
3. Ar
   à – e.e. à gauche
   en – e.e. en vacances
   sur – e.e. sur les réseaux sociaux

YCHWANEGOL

Cyfieithwch yr enghreifftiau a danlinellwyd i'r Gymraeg.

GWRANDO

Écoute Pierre qui parle des podcasts. Réponds aux questions en français.

1. Quel était le thème de son premier podcast ? Écris **deux** détails.
2. Qu'est-ce que Pierre va enregistrer pour son nouveau podcast ?
3. Qu'est-ce que sa maman dit ? Écris **deux** détails.
4. Quels sont les avantages de l'informatique ? Écris **deux** détails.

YSGRIFENNU

Écris une annonce publicitaire pour un nouveau portable, un ordinateur ou une tablette. Il faut inclure:

- Le type de produit
- Une description du produit
- Où on peut acheter le produit
- Des opinions au sujet du produit par des clients

SIARAD

Llun ar gerdyn

- Décris la photo/ Qu'est-ce qui se passe sur cette photo ?
- Est-ce que la technologie est importante pour toi ?
- La cyberintimidation est un grand problème. Qu'en penses-tu ?
- Penses-tu que les jeunes passent trop de temps sur les portables ?
- Quel serait ton portable idéal et pourquoi ?

1B TECHNOLEG A CHYFRYNGAU CYMDEITHASOL (2)

DARLLEN

Darllenwch y detholiad hwn o gwis yn y llyfr *Manuel de survie pour les filles d'aujourd'hui* gan Charlotte Grossetête ac atebwch y cwestiynau yn Gymraeg.

Votre ordinateur refuse de s'allumer depuis trois jours.

1. Il faut sans doute le reformater. Vous prenez des conseils à droite et à gauche et vous vous lancez !
2. De colère, vous le tapez. Avec un peu de chance, ça va le réveiller !
3. Vous ne cherchez même pas à comprendre et l'emmenez chez un réparateur.

1. Beth yw'r broblem?
2. Ers pryd mae problem?
3. Pa ateb sy'n cael ei roi yn y pwynt cyntaf? Rhowch **ddau** fanylyn.
4. Sut mae'r person ym mhwynt dau yn teimlo?
5. Beth yw'r ateb yn ôl y person ym mhwynt dau?
6. Beth yw'r ateb yn ôl y person ym mhwynt tri?

DARLLEN

Lis l'article sur Lily Rose Depp. Complète les phrases.

Une enfance qui n'est pas très (1) _____ à vivre tous les (2) _____, confesse la blonde. Ainsi, la starlette raconte être terrifiée à l'(3) _____ d'être piratée sur les réseaux sociaux.

   Elle (4) _____ dit : « J'ai commencé à utiliser les médias sociaux (5) _____ j'avais 12 ans – pas publiquement. J'avais des comptes privés. Cependant, il y avait des (6) _____ qui se sont fait passés pour moi et mon (7) _____. C'est tellement (8) _____. C'est super bizarre ».

a	facile	ordinateurs
ambition	frère	quand
ans	gens	quel
encouragent	idée	sœur
ennuyeux	important	
est	jours	

Gwrandewch ar yr adroddiad hwn am y blogiwr, Marie Lopez. Atebwch y cwestiynau yn Gymraeg.

1. Beth mae hi wedi ei ysgrifennu?
2. Pryd dechreuodd hi ddefnyddio YouTube?
3. Pa fath o diwtorialau mae hi'n eu rhoi ar YouTube?
4. Beth yw testun ei fideos?
5. Faint o bobl sy'n ei dilyn?
6. O ble mae hi'n dod?
7. Beth yw ei hoed?
8. Faint mae hi'n ei ennill?

Écris un article pour le site web de ton collège sur les réseaux sociaux.

Il faut inclure:

- Tes opinions sur les réseaux sociaux
- Tes réseaux sociaux préférés, en disant pourquoi
- La technologie que tu utilises le plus

Écris un paragraphe au sujet des avantages et des inconvénients des réseaux sociaux.

Ffurfiau negyddol

Cofiwch safle'r negyddol mewn brawddeg Ffrangeg. Mae **ne** yn mynd o flaen y ferf a **pas** yn ei dilyn e.e. Je **ne** joue **pas** à la tablette.

Dyma rai o'r ffurfiau negyddol cyffredin y byddwch yn eu defnyddio. Mae mwy o wybodaeth ar dudalen 223.

Ffrangeg	Cymraeg
ne... pas	ni(d), na(d), ddim
ne... jamais	byth, erioed
ne... plus	bellach, erbyn hyn, mwyach
ne... que	dim ond
ne... rien	dim, dim byd

Chwarae rôl

- Dywedwch beth yw eich hoff wefan a pham
- Gofynnwch i'ch ffrind beth yw ei farn/ei barn am y cyfryngau cymdeithasol
- Dywedwch pa mor bwysig yw ffôn symudol i chi
- Dywedwch i wneud beth y defnyddioch chi eich ffôn symudol ddoe
- Gofynnwch gwestiwn i'ch ffrind am ei ffôn
- Dywedwch y byddwch yn anfon e-bost at eich ffrind yn hwyrach ymlaen

1B TECHNOLEG A CHYFRYNGAU CYMDEITHASOL (3)

DARLLEN

Lis les commentaires sur les nouveaux jeux vidéo. Écris le numéro correct.

a

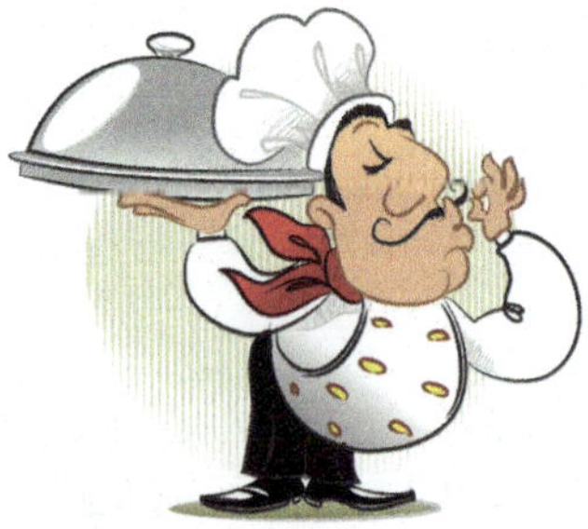

b

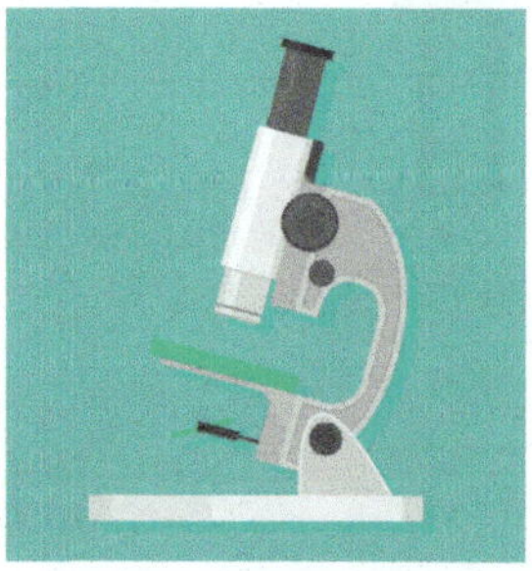

c

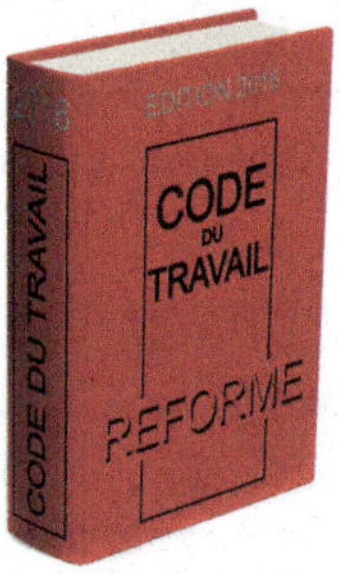

ch

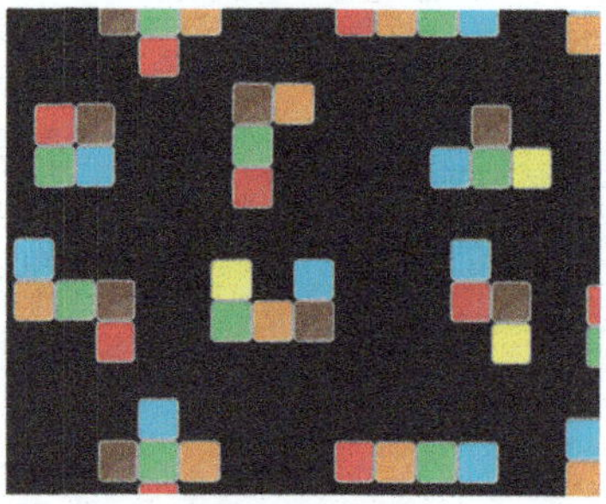

d

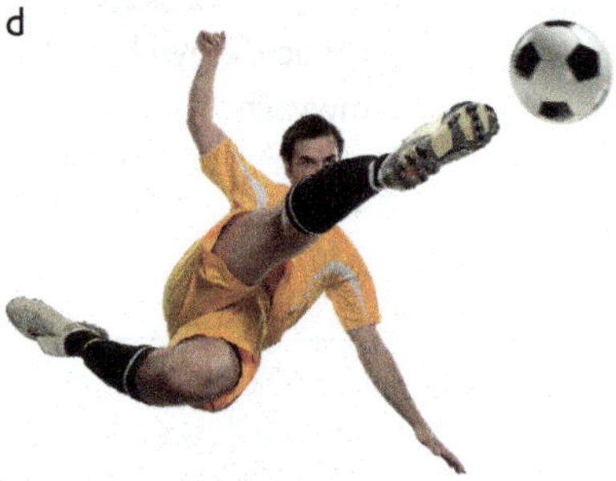

dd

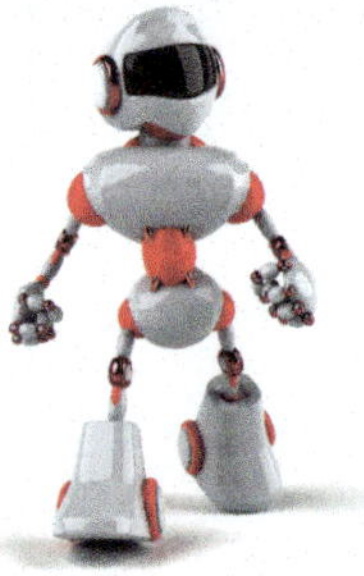

e

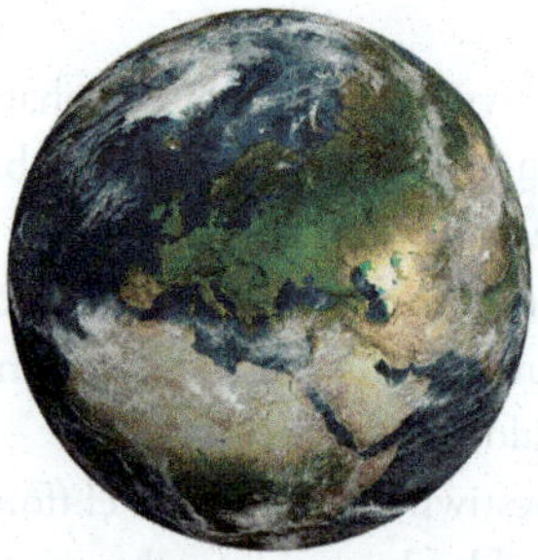

f

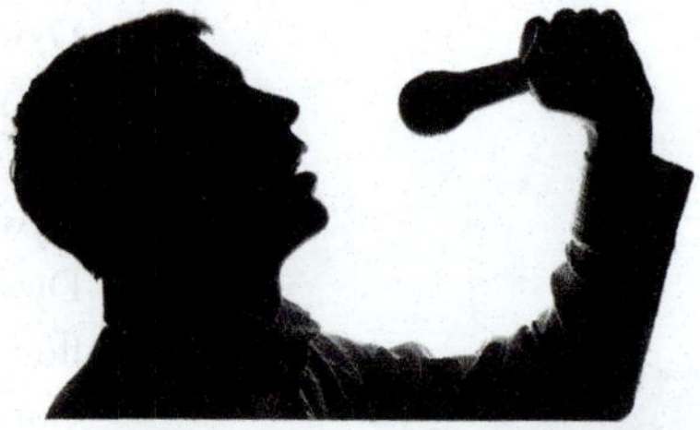

1. L'enfant construit avec des briques intelligentes via des lignes de code.
2. Lire c'est l'objectif de ce programme web.
3. C'est un jeu éducatif.
4. La famille Toutdoux a besoin d'aide pour explorer la planète.
5. Le robot est perdu et l'enfant doit l'aider.

SIARAD

Sgwrs

- Est-ce que tu aimes les réseaux sociaux ?
- Penses-tu qu'il soit important d'avoir un portable ? Pourquoi (pas) ?
- Quelle(s) technologie(s) as-tu utilisée(s) le weekend dernier ?
- Quelle(s) technologie(s) utiliseras-tu le weekend prochain?
- Quels sont les aspects négatifs d'un portable ?
- Est-ce que la technologie est importante pour les jeunes ?

GWRANDO

Gwrandewch ar yr adroddiad newyddion am ddyfais newydd. Ysgrifennwch ddau fanylyn am bob un o'r rhain:

- Cynnyrch
- Nodweddion
- Nodweddion diogelwch
- Cyfyngiadau

DARLLEN

Darllenwch yr erthygl papur newydd 'Invention: fabriquer ses vêtements avec... Une imprimante 3D !' Atebwch y cwestiynau yn Gymraeg.

Appuyer sur un bouton... et avoir un nouveau tee-shirt en quelques heures ! C'était le rêve de trois jeunes lorsqu'ils ont créé leur entreprise il y a un peu plus d'un an, aux États-Unis. Grâce à une imprimante 3D un peu spéciale, ils ont réussi à fabriquer des vêtements ! Ils veulent à présent produire plusieurs machines et les vendre.

Pour l'instant, l'imprimante permet de fabriquer aussi des jupes et des robes. Le produit existe en bleu, en blanc et en rose.

YSGRIFENNU

Cyfieithwch y brawddegau canlynol i'r Ffrangeg:

1. Mae pobl ifanc ar eu ffonau symudol drwy'r amser.
2. Mae gan fy mam hen gyfrifiadur.
3. Dydy fy ffôn ddim yn gweithio erbyn hyn.
4. Bydd technoleg yn wahanol yn y dyfodol.
5. Hoffwn i brynu tabled newydd.

1. Beth mae'r ddyfais newydd hon yn ei wneud? Rhowch **dri** manylyn.
2. Pa fath o beiriant 3D sy'n cael ei ddefnyddio?
3. Sawl dyfeisiwr sydd?
4. Ers faint mae'r cwmni wedi bod yn mynd?
5. Ym mha wlad mae'r cwmni?
6. Beth mae'r dyfeiswyr yn bwriadu ei wneud gyda'u peiriannau?
7. Pa liwiau sydd ar gael ar gyfer y cynnyrch? Rhowch **dri** manylyn.

GRAMADEG

Amser dyfodol

Mae dwy ffordd o ffurfio'r amser dyfodol yn Ffrangeg. Gallwch ddefnyddio naill ai:

1. Amser presennol **aller + berfenw**.
   e.e. Je **vais trouver** un nouveau portable.
2. *neu* Ychwanegu terfyniadau'r amser dyfodol at y berfenw.
   e.e. Je **trouverai** un nouveau portable.

Mae'r ail ffurf yn dilyn y patrwm terfyniadau hwn: **-ai, -as, -a, -ons, -ez, -ont**.

1B TECHNOLEG A CHYFRYNGAU CYMDEITHASOL: RHESTR EIRFA

un appareil-photo numérique	camera digidol
un clavier	allweddell
le courrier électronique	e-bost
les écouteurs	clustffonau
un écran	sgrin
une fenêtre	ffenestr
une fichier	ffeil
la flèche	bysell saeth
la flèche de souris	pwyntydd llygoden
une imprimante	argraffydd
l'informatique	TGCh
un jeu vidéo	gêm fideo
la messagerie	anfon negeseuon electronig
un mot de passe	cyfrinair
un moteur de recherche	peiriant chwilio
un ordinateur	cyfrifiadur
les paramètres	gosodiadau
la police	ffont
un portable	ffôn symudol
un réseau informatique	rhwydwaith cyfrifiadur
une souris	llygoden
une tablette	tabled
un tapis de souris	mat llygoden
une touche	bysell
la touche SHIFT	bysell SHIFT
le traitement de texte	prosesu geiriau

agrandir	chwyddo
allumer	rhoi/troi ymlaen
annuler	canslo
appliquer	rhoi
attacher	atodi
bouger	symud
chatter	sgwrsio
créer	creu
effacer	dileu
enlever	diddymu, tynnu i ffwrdd
envoyer	anfon
éteindre	diffodd
feuilleter	pori
frapper	taro
graver un CD	llosgi CD
imprimer	argraffu
personnaliser	addasu, personoleiddio
pousser	gwasgu
recevoir	derbyn
réduire	lleihau
remettre	adfer
renommer	ailenwi
sauver	arbed/cadw
sélectionner	dewis
supprimer	canslo
surfer l'internet	syrffio'r we
tirer	llusgo
télécharger	llwytho i lawr
texter	tecstio
utiliser	defnyddio

GRAMADEG YN EI GYD-DESTUN

GRAMADEG

1. AMSER PRESENNOL

Cwblhewch y brawddegau hyn gan ddefnyddio ffurf gywir yr amser presennol. Beth yw ystyr y brawddegau?

1. Je _____ (**chanter**) au concert avec mes amis.
2. Tu _____ (**finir**) tes devoirs.
3. Tu _____ (**choisir**) tes propres vêtements.
4. J' _____ (**avoir**) un bon style !

I ffurfio'r amser presennol, edrychwch ar y tablau ar dudalen 224.

2. TREFN GEIRIAU

Rhowch y brawddegau hyn yn y drefn gywir. Cymerwch ofal – mae'r marciau atalnodi ar goll!

1. belles chanteuses les très sont
2. vieux j'ai portable un
3. mes je sympas avec m'entends sont bien parents ils
4. est Annie heureuse vraiment

Cofiwch, mae'n rhaid i ansoddeiriau gytuno â'r enw. Mae'r rhan fwyaf o ansoddeiriau yn dod ar ôl yr enw, ond mae rhai eithriadau. Edrychwch ar dudalen 211 am fanylion.

3. GOFYN CWESTIYNAU

Cyfieithwch y cwestiynau hyn i'r Gymraeg.

1. Est-ce que tu vas au concert ?
2. Qu'est-ce que tu fais ce soir ?
3. À quelle heure vas-tu au cinéma ?

Sawl cwestiwn gallwch chi ei ofyn i gael y wybodaeth sy'n cael ei rhoi yn y frawddeg hon?

Je vais au concert à vingt heures en voiture.

> Cofiwch fod tair ffordd o ofyn cwestiynau yn Ffrangeg. Edrychwch ar dudalen 223 am fanylion.

4. ANSODDEIRIAU MEDDIANNOL

Dewiswch y gair cywir i gwblhau'r frawddeg.

1. **Mon/Ma/Mes** tante habite en France.
2. **Ton/Ta/Tes** portable est super.
3. Je m'entends bien avec **ma/mon/mes** père.
4. **Ma/Mon/Mes** parents aiment aller au cinéma.
5. **Nos/Notre** amis sont très importants.
6. Combien de temps passes-tu sur **tes/ta/ton** ordinateur ?

> Cofiwch fod yn rhaid i ansoddeiriau meddiannol gytuno â'r enwau sy'n eu dilyn e.e. *mon oncle, ta soeur*. Nid oes gwahaniaeth rhwng y gwrywaidd a'r benywaidd yn y lluosog e.e. *mes oncles, mes soeurs*. Edrychwch ar dudalen 212 am fwy o wybodaeth.

5. AMSER DYFODOL

Parwch ddau hanner y brawddegau.

1. J'achèterai
2. Je visiterai
3. Je sortirai
4. J'écrirai

a. mes amis.
b. avec mes amis.
c. un nouveau portable.
ch. un blog.

> Rydych yn ffurfio'r amser dyfodol drwy ychwanegu'r terfyniad at y berfenw. Edrychwch ar dudalen 227 am fwy o wybodaeth.

6. DYFODOL AGOS

Dewiswch y gair cywir i gwblhau'r frawddeg.

1. Je vais _____ un ordinateur.
2. Il va _____ sa famille.
3. Nous allons _____ dans un restaurant.
4. Elle va _____ un blog.
5. Je vais _____ un e-mail.

voir   acheter   envoyer
lire   manger

> Rydych yn ffurfio'r dyfodol agos drwy ddefnyddio'r ffurf gywir ar aller + y berfenw.

DARLLEN

Lis les informations au sujet des attractions touristiques.

A

Centre de Loisirs

Café et bar

Quatre terrains de tennis

Terrain de football

Piscine couverte

Gymnase

Heures d'ouverture : 07h00–21h00 tous les jours

B

Château

14 pièces à visiter

Salon de thé

Magasin de souvenirs

Fermé le lundi et jeudi

Visites guidées de 10h00–16h00

C

Parc à Thème

Quatre restaurants, deux cafés

Cinéma 3D

Parc aquatique et piscine en plein air

Spectacles

Château pour enfants

Heures d'ouverture : 10h00–18h00 tous les jours
sauf le lundi

Ch

Jardins Publics

Salon de thé

Parc pour enfants

Chien admis

Visite gratuite

Heures d'ouverture : 09h00–16h00 tous les jours
sauf le mardi

Écris la lettre. Choisis l'attraction **où** on peut...

1. acheter des cadeaux
2. visiter chaque jour
3. nager et faire de la musculation
4. visiter sans payer
5. nager dehors
6. visiter cinq jours de la semaine

Sgwrs

SIARAD

- Comment est ta ville/ton village ?
- Qu'est-ce qu'on peut faire dans ta ville/ton village ?
- Où voudrais-tu habiter ? Pourquoi ?
- Qu'est-ce que tu as fait dans ta ville/ton village le weekend dernier ?
- Qu'est-ce que tu feras dans ta ville/ton village le weekend prochain ?
- Qu'est-ce qui manque dans ta ville/ton village ?

Darllenwch yr adroddiad gan Claude o TripAdvisor am wibdaith ddiweddar. Atebwch y cwestiynau yn Gymraeg.

Ma première visite était incroyable ! Il y avait plein de choses à voir et à visiter. La cathédrale se trouve au centre-ville et est juste à côté des anciens bains romains. J'ai eu l'occasion de goûter l'eau parce qu'on disait qu'elle est bonne pour la santé. À mon avis, l'eau était dégoûtante !

Il y avait beaucoup de magasins, des petits et des grands. Le meilleur c'était la boulangerie où j'ai mangé des gâteaux aux raisins chaque matin ! J'ai fait un tour en bateau sur la rivière et j'ai mangé un pique-nique au parc. Le soir on peut aller au cinéma ou au théâtre. Je recommanderais une visite au printemps comme moi, parce qu'il ne fait pas trop chaud et il n'y a pas trop de touristes comme en été.

1. Beth yw barn Claude am y dref?
2. Beth yfodd ef a pham?
3. Beth oedd ei farn ef am y ddiod?
4. Beth roedd e'n ei hoffi orau?
5. Beth roedd e'n ei wneud bob bore?
6. Pryd mae e'n argymell bod pobl yn ymweld? Pam?

Dyma enghreifftiau o'r **amser amherffaith** yn y testun hwn. A allwch chi ddod o hyd iddyn nhw? Beth maen nhw'n ei olygu?

- C'est – Mae'n
- C'était – Roedd yn
- Il y a – Mae
- Il n'y a pas de… – Nid oes
- Il y avait – Roedd
- Il n'y avait pas de… – Nid oedd

Gwrandewch ar Gaëlle yn sôn am y man lle mae hi'n byw nawr a'r man lle roedd hi'n arfer byw. Ysgrifennwch nodiadau am y ddau le dan y penawdau canlynol:

- Manylion am y rhanbarth
- Pethau i'w gwneud a'u gweld
- Ei hoff le a'r rhesymau pam (dim ond **un** lle)
- Pa fath o ardal oedd hi yn y gorffennol
- Pa fath o ardal yw hi heddiw

Écris une phrase au sujet de…

- Ta région
- Ta ville/ton village
- Des activités dans ta région
- Que penses-tu de ta région ?

Les avantages et les inconvénients de ta région

Gallwch ddefnyddio **Je voudrais + berfenw** i ddweud beth **byddech yn hoffi** ei wneud e.e. Je voudrais habiter à l'étranger.

Amser amherffaith

Mae'r amser amherffaith yn cyfeirio at y gorffennol e.e. Roeddwn/roeddwn yn arfer. Y terfyniadau yw:

- -ais
- -ais
- -ait
- -ions
- -iez
- -aient

Defnyddiwch y terfyniadau uchod gyda bôn **nous** o'r amser presennol:

Ffurf bresennol 'nous'	Ffurf amherffaith 'je'	Cymraeg
nous donn**ons**	je donn**ais**	roeddwn i'n rhoi
nous finiss**ons**	je finiss**ais**	roeddwn i'n gorffen
nous vend**ons**	je vend**ais**	roeddwn i'n gwerthu

Sylwch: mae hyn yr un peth ar gyfer pob berf heblaw am être.

DARLLEN

Darllenwch y detholiad hwn o'r *Guide Évasion en France – Bretagne Nord*.

Yn Gymraeg, ysgrifennwch beth gallwch ei wneud a'i weld ym mhob tref.

Brest : On peut visiter le jardin des Explorateurs qui est vraiment charmant. Au nord, il y a les ruines de l'abbaye et il y a bien sûr le port à visiter.

Saint-Brieuc : Autour de Saint-Brieuc il y a la baie. Pour le sport et la plage visitez les Sables-d'Or-les-Pins.

Le Trégor : Il faut visiter la cathédrale et les églises. On peut aussi visiter le château de la Roche-Jagu ou le jardin de Kerdalo.

DARLLEN

Darllenwch yr adroddiadau TripAdvisor.

Avis 1 : Avis écrit le 17 juin
« Bel endroit, mais le parc d'attraction est démodé ».

Avis 2 : Écrit le 1 février par mobile
« Le paysage est merveilleux, particulièrement en hiver parce qu'il n'y a pas trop de visiteurs et c'est calme. Au lieu de prendre le téléphérique, faites la descente par les escaliers. C'est moins cher et bon pour la santé et l'esprit ».

Avis 3 : Ecrit le 29 août
« C'est magnifique. Le parking est payant à : €4.50 pour toute la journée ».

Avis 4 : Visité en juillet
« La plage est belle. Prenez le télésiège pour y descendre. C'est un peu cher à €6 ».

Ysgrifennwch y wybodaeth hon ar gyfer pob adolygiad.

- Dyddiad yr adolygiad
- Barn
- Manylion eraill

SIARAD

Chwarae rôl

- Gofynnwch am gyfarwyddiadau i atyniad lleol
- Gofynnwch gwestiwn am oriau agor yr atyniad
- Rhowch **ddau** fanylyn am eich ardal leol
- Disgrifiwch ymweliad diweddar ag atyniad lleol
- Argymhellwch rywle y gall ymwelydd ymweld ag ef yn eich ardal leol
- Dywedwch i ble byddwch yn mynd yn eich ardal leol y penwythnos hwn

YSGRIFENNU

Écris un dépliant pour les touristes français sur une attraction dans ta région.

Inclus:

- Informations pratiques : les jours/heures d'ouverture, les tarifs, les directions
- Description de l'attraction
- Pourquoi il faut la visiter

GRAMADEG

Y gorchmynnol (gorchmynion)

Yn Ffrangeg gallwch ffurfio gorchmynion drwy ddefnyddio ffurfiau **tu**, **nous** a **vous** yr amser presennol.

Cofiwch adael y rhagenw allan (h.y. tu, nous, vous) e.e.

- Visite ! – Cer/Dos i weld! (unigol)
- Visitons ! – Awn i weld!
- Visitez ! – Ewch i weld! (lluosog)

Sylwch: ar gyfer berfau sy'n gorffen gydag **-er** bydd angen i chi adael yr **'s'** allan yn y ffurf **tu** e.e. **Tu vas → Va !** (Cer!/Dos!)

GWRANDO

Écoute Marie-Christine qui parle de sa région. Choisis la lettre correcte.

1. Le village est situé...

a.   b.   c.

2. Elle sort avec...

a.   b.   c.

3. Elle fait...

a.   b.   c.

4. La maison se trouve à... km du village.
   a. 15 km   b. 20 km   c. 5 km

5. Elle mange dans...

a.   b.   c.

DARLLEN

Cyfieithwch y brawddegau hyn i'r Gymraeg:
1. Le parc d'attraction est super, mais cher.
2. Je voudrais visiter le stade.
3. J'aime ma ville, mais il y a trop de touristes.
4. Le village est situé au bord de la mer.

DARLLEN

Darllenwch beth mae'r bobl ifanc yn ei ddweud am eu hardal.

Louise : Il n'y a pas grand-chose à faire dans ma région. Il y a des magasins et un parc, c'est tout. J'aimerais avoir une piscine ou un terrain de tennis.

Nicole : Ma ville est très sale. Il y a trop de pollution à cause des voitures et des industries. Je voudrais habiter au bord de la mer.

André : Mon village est tranquille. Il n'y a pas de grands magasins et j'aime ça.

Simon : J'habite une des plus grandes villes de France. Il y a des bienfaits comme les parcs d'attraction et les stades de sport. Cependant, on a des inconvénients par exemple le vendredi et samedi soir il y a des agressions au centre ville et il y a trop de criminalité.

Pwy sy'n dweud …

1. bod ei dref/ei thref yn frwnt/yn fudr?
2. bod manteision ac anfanteision yn ei dref/ei thref?
3. bod ei ardal/ei hardal yn dawel?
4. y byddai'n hoffi byw ar lan y môr?
5. y byddai'n hoffi cael mwy o gyfleusterau chwaraeon?
6. ei fod/ei bod yn poeni am drais yn eu tref?

YCHWANEGOL

Cyfieithwch y brawddegau a danlinellwyd i'r Gymraeg.

YSGRIFENNU

Cyfieithwch y paragraff hwn i'r Ffrangeg:
Rwy'n hoffi byw yn fy nhref oherwydd bod llawer o siopau a bwytai. Roedd sinema yno ond nawr mae canolfan siopa. Hoffwn i fyw yn Ffrainc oherwydd rwy'n hoffi bwyd Ffrengig.

GWRANDO

Gwrandewch ar yr eitem newyddion am fodlonrwydd pobl sy'n byw yn Marseille. Parwch y canrannau a'r rhifau isod â'r gosodiadau.

1. Cyfanswm y trefi a arolygwyd.
2. Nifer y trigolion yn Marseille sy'n hapus.
3. Sawl blwyddyn yn ôl cafodd yr arolwg diwethaf ei gynnal?
4. Faint o drigolion Marseille oedd yn hapus yn yr arolwg diwethaf?
5. O faint mae'r canlyniadau wedi codi eleni?
6. Faint o drigolion Marseille sy'n teimlo'n ddiogel yn y dref?

| 3 | 5% | 16% | 75% | 80% | 80 |

GRAMADEG

Venir de
Yn Ffrangeg, gallwch ddefnyddio **venir de** i ddweud eich bod chi newydd wneud rhywbeth. Yn syml, rydych chi'n defnyddio'r amser presennol e.e. Je viens d'arriver (rydw i newydd gyrraedd). Neu gallwch ddefnyddio'r amser amherffaith e.e. Je venais de partir (roeddwn newydd adael).

Lis cette lettre et réponds aux questions en français.

Jean Le Gurun,   M. Gavarin
13a rue de la fontaine,   14a rue de la fontaine
Lille.   Lille

                                 Le 12 mai

Monsieur,

Nous habitons dans le même immeuble et notre appartement est en face de chez vous.

Il y a une semaine, je vous ai parlé des problèmes du bruit le weekend. Puisqu'il il n'y a eu aucune amélioration ce weekend, je vous écris avant de porter plainte à la Mairie.

Nous savons qu'il y a des fêtes de temps en temps, mais chaque weekend aux petites heures du matin la musique qui vient de votre appartement nous empêche de dormir. Le bruit venant de votre appartement nous fatigue et est insupportable !

Je vous demande de nouveau de respecter nos besoins de calme.

En attendant de vous lire, je vous prie d'agréer, monsieur, l'expression de mes sentiments distingués.

J. Le Gurun

1. Jean Le Gurun habite quel type d'hébergement ?
2. Où est son voisin ?
3. Quand est-ce qu'il y a des problèmes ?
4. Quels sont les problèmes ?
5. Si les problèmes continuent, que fera Jean ?
6. Quel est l'inconvénient pour Jean ?

Llythyrau ffurfiol

Dyma bedwar pwynt i'w cofio wrth ysgrifennu llythyr ffurfiol.

1. Rhowch eich enw a'ch cyfeiriad ar ben y llythyr ar yr ochr chwith a'r enw a'r cyfeiriad rydych yn ysgrifennu ato ar y pen ar yr ochr dde, gyda'r dyddiad oddi tano.
2. Rydych yn dechrau llythyr ffurfiol gyda 'Monsieur/ Madame' yn unig.
3. Defnyddiwch 'vous' drwy'r llythyr.
4. Defnyddiwch glo ffurfiol.

Llun ar gerdyn

- Décris la photo/Qu'est-ce qui se passe dans la photo ?
- Préfères-tu vivre dans une ville ou dans un village ? Pourquoi ?
- Je pense qu'habiter dans une grande ville est mieux qu'habiter dans un village rural. Qu'en penses-tu ?
- Comment était ta région dans le passé ?
- Comment sera ta région à l'avenir ?

Amser amodol

Defnyddiwch yr amser amodol pan fyddwch eisiau dweud 'byddai/gallai/dylai'.

I ffurfio'r amser hwn, defnyddiwch fôn yr amser dyfodol a therfyniadau'r amser amherffaith.

- je finirais – byddwn i'n gorffen
- tu finirais – byddet ti'n gorffen (unigol)
- il/elle finirait – byddai e'n/hi'n gorffen
- nous finirions – bydden ni'n gorffen
- vous finiriez – byddech chi'n gorffen (ffurfiol/ lluosog)
- ils/elles finiraient – bydden nhw'n gorffen

I gael rhagor o wybodaeth am yr amser amodol edrychwch ar dudalen 227.

les alentours	cyffiniau/ardal
une annonce	hysbyseb
un arrêt de bus	safle bysiau
une auberge de jeunesse	hostel ieuenctid
la banlieue	maestref
une banque	banc
un bâtiment	adeilad
une bibliothèque	llyfrgell
une boîte aux lettres	blwch post
une boucherie	siop gig/siop y cigydd
une boulangerie	siop fara/popty
la caisse	desg dalu/til
un camping	gwersyllfa
un centre commercial	canolfan siopa
un centre de loisirs	canolfan hamdden
un centre de vacances	canolfan wyliau
un centre sportif	canolfan chwaraeon
le centre-ville	canol y dref
une chambre d'hôte	gwely a brecwast
une charcuterie	siop cigoedd oer, delicatessen
un chariot	troli siopa
un château	castell
un coiffeur	siop trin gwallt
un commissariat de police	gorsaf heddlu
une église	eglwys
l'étage	llawr
une gare SNCF	gorsaf drenau
une gare routière	gorsaf fysiau
une gendarmerie	gorsaf heddlu
les gens	pobl
l'habitant(e)	preswylydd

l'hôtel de ville	neuadd y dref
un immeuble	bloc o fflatiau/adeilad uchel iawn
un jardin public	parc
une librairie	siop lyfrau
un magasin	siop
la mairie	neuadd y dref
un marché	marchnad
une montagne russe	*rollercoaster*
un musée	amgueddfa
une papeterie	siop deunyddiau ysgrifennu
un parking	maes parcio
une patinoire	llawr sglefrio iâ
une pâtisserie	siop gacennau
une pharmacie	fferyllfa
une piscine	pwll nofio
la place du marché	sgwâr y farchnad
la Poste	swyddfa bost
le prix	pris
la route	ffordd
la rue	stryd
la rue principale	stryd fawr
un quartier	ardal
un stade	stadiwm
un syndicat d'initiative	canolfan groeso/swyddfa dwristiaeth
un terrain de foot	cae pêl-droed
le trottoir	y palmant
une usine	ffatri
la ville	tref
un appartement	fflat
une armoire	wardrob
un ascenseur	lifft
un balcon	balconi
un bâtiment	adeilad
une bibliothèque	cwpwrdd llyfrau; llyfrgell
le bureau	y swyddfa
un canapé	soffa
la cave	y seler

la chambre	yr ystafell wely
le chauffage central	y gwres canolog
la cuisine	y gegin
une douche	cawod
l'entrée	y fynedfa
l'escalier	y grisiau
une étagère	silff
un immeuble	bloc o fflatiau
le jardin	yr ardd
un lave-linge	peiriant golchi dillad
un lave-vaisselle	peiriant golchi llestri
un lit	gwely
une maison	tŷ
les meubles	dodrefn
le premier étage	llawr cyntaf
le rez-de-chaussée	llawr gwaelod
les rideaux	llenni
la salle de bains	yr ystafell ymolchi
la salle d'eau	yr ystafell gawod
la salle à manger	yr ystafell fwyta
le salon	yr ystafell fyw/y lolfa
le séjour	yr ystafell fyw
le sous-sol	yr islawr
les WCs	y toiledau

Darllenwch sut mae'r bobl hyn yn teithio i'r gwaith. Rhowch y wybodaeth gywir ar gyfer pob person.

Jean-Claude : D'habitude je prends le train pour aller au travail. Je n'ai pas de voiture et c'est très pratique.

Marie-Thèrèse : Je dois aller en bus le matin parce que c'est plus rapide qu'aller à pied.

Suzanne : Moi, je conduis et j'ai ma propre voiture. Cependant ça coûte cher !

Daniel : Pour aller au bureau je vais à pied. Mon travail se trouve en face de ma maison !

Gwybodaeth:

- Trafnidiaeth i'r gwaith
- Rheswm
- Manylion eraill a roddwyd

Lis cet article du journal au sujet du transport au travail. Écris les six bonnes phrases.

Aller au travail à vélo

À partir du 1er janvier, les entreprises qui proposent des vélos pour aller travailler vont y gagner par des réductions d'impôts. Les salariés sont aussi gagnants en ce qui concerne la forme et le fait d'avoir un nouveau vélo !

La compagnie Orange a déjà des plans pour acheter des vélos pour leurs employés.

En plus le gouvernement encourage les gens à prendre le bus, le train ou le Métro au lieu de la voiture pour aller au travail. Ce qu'il propose est une réduction de prix de billets si on achète les carnets de billets au travail pour ces moyens de transport.

Alors cette initiative est bonne pour l'économie, l'environnement et la santé !

1. On peut avoir un vélo gratuit avant le nouvel an.
2. Les compagnies vont gagner par cette initiative.
3. Les employés vont être en bonne santé.
4. Les vélos seront vieux.
5. La compagnie Orange a déjà acheté beaucoup de vélos.
6. Le gouvernement aide les employés à acheter leur propre vélo.
7. Le gouvernement veut que les salariés prennent les transports publics.
8. Les billets seront moins chers pour les employés.
9. Les compagnies vont vendre les carnets de billets pour les transports publics.
10. Ces initiatives vont aider l'environnement.

Cyfieithwch y pedair brawddeg anghywir i'r Gymraeg.

Graddau cymharol ac eithaf

1. Ansoddeiriau sy'n mynd o flaen enw

Cyfartal		Cymharol		Eithaf	
aussi	(mor)	plus	(mwy)	le/la/les plus	(y mwyaf)
aussi fort	(mor gryf)	plus fort	(yn gryfach)	le plus fort la plus forte les plus fort(e)s	(y cryfaf)
		moins	(llai)	le/la/les moins	(y lleiaf)
		moins fort	(llai cryf)	le moins fort la moins forte les moins fort(e)s	(y lleiaf cryf)

* Yn y tri achos hyn rydych yn defnyddio **que** i wneud cymhariaeth e.e. Mon village est aussi intéressant que ton village (Mae fy mhentref i mor ddiddorol â dy bentref di), Les monuments sont moins intéressants à Lille qu'à Paris (Mae'r hen adeiladau yn llai diddorol yn Lille nag ym Mharis).

2. Ansoddeiriau sy'n mynd ar ôl enw

e.e.

- tref lai – une ville plus petite (cymharol)
- y dref leiaf – la ville la plus petite (eithaf)

Edrychwch ar dudalen 211 yn y crynodeb gramadeg i gael mwy o wybodaeth.

Gwrandewch ar y cyhoeddiadau hyn ar fwrdd fferi Brittany Ferries. Atebwch y cwestiynau yn Gymraeg.

1. Ble gallwch chi fynd os oes angen help arnoch?
2. Ble yn union mae mae e?
3. Beth sy'n cael ei ddweud am fynediad i'r dec ceir?
4. Beth na allwch chi ei wneud os yw'r tywydd yn wael?
5. Beth arall na allwch chi ei wneud?

Sgwrs

- Comment vas-tu au collège ?
- Quel moyen de transport préfères-tu et pourquoi ?
- Quel moyen de transport prends-tu pour aller en vacances ?
- Comment vas-tu aller au collège demain ?
- Quels sont les avantages et les inconvénients de voyager en avion ?
- Quel est le meilleur moyen de transport pour l'environnement et pourquoi ?

Écris au moins une phrase au sujet des points suivants.

- Transport au collège
- Transport préféré
- Ton opinion sur les transports publics

2B TEITHIO A THRAFNIDIAETH (2)

Lis les détails des tickets de Métro à Lyon. Lie le bon ticket avec la bonne phrase.

A

1 ticket à 1,60 €

Ticket valable pour un trajet (Métro, bus, tramway)

Dure une heure après validation

B

10 tickets à 14,30 €

Tarifs réduits pour les étudiants et enfants et familles de plus de quatre personnes

C

Ticket Liberté Soirée à 2,60 €

Voyager à partir de 19h00 jusqu'à la fermeture du réseau

Ch

Ticket Liberté 1 jour à 4,90 €

Ce ticket est parfait si vous êtes en vacances en juillet ou passez quelques jours à Lyon en visite

1. Tu as 14 ans et tu vas au collège.
2. Tu visites la ville en été.
3. Tu veux sortir le soir avec tes copains.
4. Tu vas au travail en bus et rentres à pied.
5. Tu es à l'université de Lyon.
6. Tu passes le weekend chez tes amis.
7. Tu es avec ta sœur et tes parents.
8. Tu n'as que 2 € dans ta poche !

Cyfieithwch y brawddegau canlynol i'r Ffrangeg.
1. Mae llawer o dagfeydd trafnidiaeth yng nghanol y dref.
2. Roeddwn i'n arfer cerdded i'r ysgol bob dydd.
3. Sut rwyt ti'n mynd i'r gwaith?
4. Byddwn yn hoffi cael fy nghar fy hun.

Gwrandewch ar yr adroddiad traffig ar y radio yn Ffrainc. Cwblhewch y grid yn Gymraeg. Cymerwch ofal – nid oes rhaid i chi lenwi bob blwch.

Cyrchfannau	Lyon–Orange	Perpignan–Sbaen	Niort–Bordeaux	Moulins
Traffordd (llythyren + rhif)				
Problem draffig				
Amser yr oedi				

DARLLEN

Darllenwch y wybodaeth hon o arolwg am ddefnyddio trafnidiaeth yn Strasbourg. Atebwch y cwestiynau yn Gymraeg.

1. Est-ce que tu utilises les transports publics à Strasbourg ?

   Tout le temps – 87%

   Jamais – 5%

   Quelquefois – 8%

2. Quel moyen de transport utilises-tu le plus en ville ?

   Tramway, bus, vélo – 67%

   Voiture, mobylette – 33%

3. Combien de fois par semaine utilises-tu les transports publics ?

   Deux fois par jour – 58%

   Une fois par jour – 19%

   Une fois par semaine – 17%

   Une fois par mois – 6%

4. Penses-tu que les transports publics à Strasbourg soient efficaces ?

   Oui – 82%

   Non – 16%

   Pas décidés – 2%

5. Comment vas-tu au travail ou au collège ?

   Tramway – 53%

   Bus – 15%

   Voiture – 10 %

   Vélo – 13%

   Autres – 9%

1. Pa ganran o bobl sydd byth yn teithio ar drafnidiaeth gyhoeddus?
2. Beth yw'r ffyrdd mwyaf poblogaidd o deithio i'r dref?
3. Pa ganran o bobl sy'n defnyddio trafnidiaeth gyhoeddus unwaith y dydd?
4. Pa ganran o bobl sy'n defnyddio trafnidiaeth gyhoeddus unwaith y mis?
5. O'r canlyniadau, ydy pobl yn meddwl bod trafnidiaeth gyhoeddus yn Strasbourg yn effeithiol?
6. Pa **ddau** ddull o drafnidiaeth yw'r rhai mwyaf poblogaidd ar gyfer mynd i'r gwaith neu i'r ysgol?

DARLLEN

Cyfieithwch y brawddegau canlynol o'r ymarfer gwrando i'r Gymraeg:

1. Tout le monde est en route.
2. Pour quelques–uns, c'est le retour chez eux.
3. Pour la majorité c'est pour aller en vacances.
4. Nous avons déjà des embouteillages.

GRAMADEG

Adferfau

Mae adferfau'n cael eu ffurfio yn Ffrangeg yn aml drwy ychwanegu **-ment** at ffurf fenywaidd ansoddair e.e.

- heureuse (hapus) → heureusement (yn ffodus, yn hapus)
- douce (melys/addfwyn) → doucement (yn araf, yn dawel, yn dyner)

Mae rhai adferfau sydd ddim yn dilyn y patrwm hwn e.e. souvent.

Mae safle adferfau mewn brawddeg yn Ffrangeg fel arfer ar ôl y ferf e.e. Je vais **souvent** en ville (Rwy'n mynd i'r dref yn aml).

Edrychwch ar dudalen 213 yn y crynodeb gramadeg i gael mwy o wybodaeth.

YCHWANEGOL

Chwiliwch am yr adferf Ffrangeg am:
- yn anffodus
- yn wir
- yn well

SIARAD

Llun ar gerdyn

- Décris cette photo/Qu'est-ce qui se passe sur cette photo ?
- Est-ce que tu aimes faire du vélo ? Pourquoi (pas) ?
- Les transports publics ne coûtent pas chers. Qu'en penses-tu ?
- Est-ce que ta région a assez de pistes cyclables ? Pourquoi (pas) ?
- Comment es-tu allé(e) au collège la semaine dernière ?

DARLLEN

Darllenwch y ffeithiau canlynol am faes awyr Nantes. Llenwch y bylchau gan ddefnyddio'r geiriau isod.

Il y a plus de trois millions de (1) _____ par an.

En (2) _____ plus de voyageurs partent pour Montréal.

Le surplus de (3) _____ coûte quatre-vingts euros.

Avec accès gratuit au Wifi, vous (4) _____ surfer librement sur Internet.

On peut faire des achats en ligne pour les (5) _____ d'avion.

On peut (6) _____ à plusieurs destinations à partir de 29,99 €.

Un guichet automatique de banque (7) _____ situé dans le Hall 2.

Le (8) _____ des objets trouvés est situé à l'accueil.

aller	enfants	peut	ticket
bagage	est	pouvez	touriste
billets	noël	septembre	vendre
bureau	office	sont	voyageurs

YCHWANEGOL

Cyfieithwch frawddegau 1–4 i'r Gymraeg.

DARLLEN

Darllenwch y detholiad isod o'r nofel *Elise ou la vraie vie* gan Claire Etcherelli. Atebwch y cwestiynau yn Gymraeg.

Lucien parlait de prendre le Métro. Je (Elise) marchais un peu derrière lui... Lucien descendait les escaliers du Métro.

«Tu as un ticket ?» il m'a demandé.

Je n'en avais pas.

À la gare de Stalingrad, nous avons changé de direction. Nous avons vu un vieil homme assis contre le distributeur de bonbons...

Le Métro est arrivé et nous sommes montés silencieusement. J'ai oublié de lire les noms des gares.

1. Ble yn union roedd Elise?
2. Sut aeth Lucien i mewn i'r Metro?
3. Beth ofynnodd Lucien i Elise?
4. Beth oedd ateb Elise?
5. Pwy welson nhw yn yr orsaf?
6. Beth roedd Elise wedi anghofio ei wneud?

YSGRIFENNU

Écris un blog au sujet d'un voyage que tu feras bientôt à l'étranger.

GRAMADEG

Ffurfiau'r fannod
Cofiwch!

1. Le/la/les (y) e.e. Le train arrive à quelle heure ?
2. Gall yr arddodiad **à** newid yn ôl a yw'n wrywaidd, yn fenywaidd neu'n lluosog – **au/à la/à l'/aux**
3. Gall yr arddodiad **de** newid yn ôl a yw'n wrywaidd, yn fenywaidd neu'n lluosog – **du/de la/de l'/des**
4. Gallwch adael **un/une/des** (un/rhai) allan wrth sôn am swyddi pobl e.e. Mon père est technicien.

GWRANDO

Écoute cette conversation à la gare. Choisis la bonne réponse.

1. Où voyage le client ?

a. 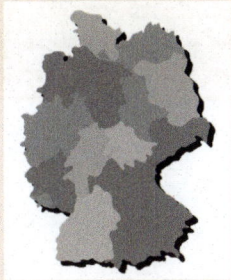   b.    c.

2. Le voyage est à quelle heure ?
   a. 02h00   b. 14h00   c. 15h00

3. Qui voyage ?

a.    b.    c.

4. Le prix est de...
   a. 140 €   b. 250 €   c. 150 €

5. Le client paie par...

a.    b.    c.

SIARAD

Chwarae rôl
- Dywedwch beth yw eich hoff ffordd o deithio a pham
- Disgrifiwch un broblem gyda thrafnidiaeth yn eich ardal chi
- Dywedwch sut aethoch chi i'r ysgol ddoe
- Dywedwch sut byddwch yn mynd ar eich gwyliau y flwyddyn nesaf
- Gofynnwch gwestiwn i'ch ffrind am drafnidiaeth gyhoeddus yn ei ardal ef/ei hardal hi.
- Gofynnwch ble mae'r safle bysiau

un aller-retour	tocyn dwy ffordd
l'arrivée	cyrraedd
un billet	tocyn
le bureau des objets trouvés	swyddfa eiddo coll
une carte	cerdyn
commander	archebu
le composteur	peiriant tocynnau
le départ	gadael, ymadael
la gare principale	y brif orsaf
l'horaire	amserlen
insérer	rhoi
non-fumeur	dim ysmygu
payer	talu
une pièce	darn arian
le quai	platfform
rembourser	ad-dalu
une réservation	sedd wedi'i chadw
réserver	archebu
retourner	dychwelyd
un aller simple	tocyn sengl
la SNCF	cwmni rheilffyrdd Ffrainc
une station Métro	gorsaf danddaearol
le tarif	pris
le train à grande vitesse (TGV)	trên cyflym iawn
valider	dilysu
la voie	trac/platfform
l'agent de voyages	asiantaeth deithio
à l'heure	ar amser/yn brydlon
l'appel de secours	galwad argyfwng
l'argent	arian/pres
une autoroute	traffordd
auto-stop	bodio
un avion	awyren
un bateau	cwch
un billet de parking	tocyn parcio
un bouchon	tagfa draffig
le bureau de douanes	swyddfa dollau

le bureau de renseignements	swyddfa wybodaeth
un camion	lorri
un car	bws
un carrefour	croesffordd
une carte	map
un chemin de fer	rheilffordd
la circulation	traffig
le coffre	cist car
la consigne	bagiau i'w casglu/storfa fagiau
le décollage	esgyniad
le dépannage	torri i lawr
les douanes	tollau
l'embouteillage	tagfa drafnidiaeth
l'essence	petrol
les feux	goleuadau traffig
le frein de secours	brêc argyfwng
en grève	ar streic
un guichet	swyddfa docynnau
l'heure de pointe	awr frys
un horaire	amserlen
le Métro	trên tanddaearol
le numéro d'immatriculation	rhif cofrestru (cerbyd)
en panne	wedi torri lawr
le péage	toll draffordd
un permis de conduire	trwydded yrru
à pied	ar droed
le plan de la ville	map o'r dref
un poids lourd	lorri (HGV)
le point de rendez-vous	man cyfarfod
le pneu	teiar
un pneu crevé	teiar fflat
en retard	yn hwyr
sans plomb	petrol di-blwm
la sortie	allanfa
la sortie de secours	allanfa argyfwng
un train	trên
un trajet	taith
le transport en commun	cludiant cyhoeddus
la traversée	mordaith
un vélo	beic
une voiture	car
le vol	hediad
le volant	olwyn lywio (cerbyd)
un voyageur	teithiwr

2A ARDALOEDD LLEOL O DDIDDORDEB

2B TEITHIO A THRAFNIDIAETH

GRAMADEG YN EI GYD-DESTUN

GRAMADEG

1. AMSER AMHERFFAITH

Cyfieithwch y brawddegau hyn i'r Ffrangeg.

1. Roeddwn i'n ysgrifennu blog bob dydd.
2. Roeddwn i'n mynd ar wyliau bob blwyddyn.
3. Roedd e'n chwarae tennis bob haf.
4. Roedd hi'n bwrw glaw bob dydd.

I ffurfio'r amser amherffaith, edrychwch ar y wybodaeth ar dudalen 229 a'r tablau berfau ar dudalennau 232–240.

2. GORCHMYNION

Cyfieithwch y gorchmynion hyn i'r Ffrangeg.

1. Cer/Dos i weld yr amgueddfa!
2. Rhowch y ffôn symudol i mi!
3. Cymerwn y ffordd ar y chwith!
4. Edrych i'r dde!
5. Trowch i'r chwith!

Mae ffurfiau'r gorchmynnol yn rhoi gorchmynion a chyfarwyddiadau. Edrychwch ar dudalen 230 am fwy o wybodaeth.

3. AMODOL

Cwblhewch y brawddegau gan ddefnyddio ffurf gywir y ferf.

1. Nous _____ (**manger**) au restaurant.
2. J'_____ (**acheter**) une maison.
3. Il _____ (**habiter**) en ville.
4. Ils _____ (**visiter**) la campagne.
5. Mes parents _____ (**vendre**) leur maison.

I ffurfio'r amser amodol, edrychwch ar y wybodaeth ar dudalen 227 a'r tablau berfau ar dudalennau 232–240.

4. ANSODDEIRIAU: GRADDAU CYMHAROL AC EITHAF

Dewiswch yr ansoddair cywir a chyfieithwch y frawddeg i'r Gymraeg.

1. Une voiture est plus **chère/chers/cher** qu'un vélo.
2. Les avions sont les plus **impressionnant/ impressionnantes/impressionnants**.
3. Un livre est moins **intéressante/intéressant/ intéressants** qu'une tablette.
4. Un taxi est aussi **grand/grande/grandes** qu'une voiture.

Cofiwch wneud i ansoddeiriau gytuno â'r enw. I gael mwy o wybodaeth ar y graddau cymharol ac eithaf, edrychwch ar dudalen 211.

5. ADFERFAU

Ysgrifennwch frawddeg gan ddefnyddio pob un o'r adferfau canlynol.

1. lentement
2. souvent
3. rarement
4. rapidement
5. probablement

Mae adferfau'n cael eu defnyddio gyda berf, ansoddair neu adferf arall i ychwanegu mwy o fanylion am beth sy'n digwydd. Edrychwch ar dudalen 213 am fwy o wybodaeth.

6. AMSER PRESENNOL

Dewiswch y ferf gywir.

1. Je _____ (**aller**) en voiture.
2. Il y ____ (**avoir**) un restaurant.
3. Ma ville _____ (**être**) ennuyeuse.
4. Le musée _____ (**ouvrir**) à 9 heures.
5. On _____ (**acheter**) un billet au guichet.

Mae'n bwysig eich bod yn adolygu'r amser presennol yn gyson. Edrychwch ar dudalen 224 am fwy o fanylion.

THEMA: ASTUDIAETH GYFREDOL, ASTUDIAETH YN Y DYFODOL A CHYFLOGAETH

UNED 1

ASTUDIAETH GYFREDOL

DARLLEN

Lis les informations au sujet des matières scolaires en France. Réponds aux questions en français.

Enseignements obligatoires pour les élèves de seconde au lycée.

Total des heures obligatoires: 25h30 par semaine.

Français	4 heures
Histoire-géographie	3 heures
Anglais	2 heures 30
Espagnol	2 heures 30
Maths	4 heures
Physique-Chimie	3 heures
Sciences de la vie et de la terre	1 heures 30
Éducation physique et sportive	2 heures
Éducation civique et sociale	30 minutes
Études privées (devoirs)	2 heures

1. Pendant combien d'heures par semaine les élèves sont-ils à l'école ?
2. Combien d'heures y a-t-il pour les langues ?
3. Combien d'heures y a t-il pour le sport ?
4. Combien d'heures y a-t-il pour les sciences ?
5. Quelles sont les deux matières qui occupent la plupart des heures ?
6. Quelle est la matière qui occupe le moins des heures ?

DARLLEN

Darllenwch y detholiad isod a addaswyd o'r llyfr *Coup de Foudre au collège* gan Louise Leroi. Atebwch y cwestiynau yn Gymraeg.

Je suis assis à côté de Delphine, c'est le prof de maths qui nous a placés. Les garçons sont assis à côté des filles pour éviter le bavardage. J'ai eu ce prof l'an dernier. Aucun bruit n'est toléré en classe, autrement c'est la porte !

Le prof nous a demandé d'écrire en haut de la page. Nous avons dû marquer notre nom et prénom en lettres majuscules ainsi que le numéro de la classe.

Après les maths nous sommes allés au cours d'espagnol et là il y avait du bruit et le prof a dû taper dans les mains pour avoir du silence.

1. Ble roedd yn rhaid i'r awdur eistedd?
2. Pwy wnaeth ei roi yno?
3. Pam roedd yn rhaid i'r bechgyn eistedd wrth ochr y merched?
4. Beth nad yw'r disgyblion yn cael ei wneud yn y wers fathemateg?
5. Beth roedd yn rhaid i'r disgyblion ei ysgrifennu ar ben y dudalen?
6. Pa wers gafodd y disgyblion ar ôl mathemateg?
7. Sut llwyddodd yr athro i dawelu'r disgyblion?

GRAMADEG

Amser perffaith (gorffennol) gydag *avoir*

Mae'r rhan fwyaf o'r berfau yn yr amser perffaith yn cael eu ffurfio drwy ddefnyddio amser presennol y ferf **avoir** ac yna ychwanegu'r rhangymeriad gorffennol.

Math o ferf	Enghraifft	Rhangymeriad gorffennol
berfau **-er**	manger	mangé
berfau **-ir**	finir	fini
berfau **-re**	vendre	vendu

- j'ai mangé – bwytais i
- tu as mangé – bwytaist ti (unigol)
- il/elle a mangé – bwytodd ef/hi
- nous avons mangé – bwyton ni
- vous avez mangé – bwytoch chi (cwrtais/lluosog)
- ils/elles ont mangé – bwyton nhw

Edrychwch ar dudalen 228 yn y crynodeb gramadeg i gael mwy o wybodaeth.

SIARAD

Llun ar gerdyn

- Décris cette photo/Qu'est-ce qui se passe sur cette photo ?
- Aimes-tu le collège ? Pourquoi (pas) ?
- Les professeurs sont stricts. Es-tu d'accord ?
- Qu'est-ce que tu as fait au collège hier ?
- Comment serait ton collège idéal ?

GWRANDO

Gwrandewch ar Hélène yn siarad am ei phynciau. Dewiswch y chwe brawddeg gywir.

1. Mae Hélène yn astudio Saesneg, Sbaeneg ac Almaeneg.
2. Mae Hélène yn astudio Ffrangeg, Saesneg a Sbaeneg.
3. Mae'n rhaid iddi astudio mathemateg a gwyddoniaeth.
4. Mae'n rhaid iddi astudio mathemateg a cherddoriaeth.
5. Mae hi'n hoffi ieithoedd oherwydd eu bod yn hwyl.
6. Mae hi'n dda mewn ieithoedd.
7. Dydy hi ddim yn hoffi mathemateg.
8. Mae hi'n meddwl bod bioleg yn hawdd.
9. Mae hi'n meddwl bod ffiseg yn anodd.
10. Nid yw hi'n heini.

YSGRIFENNU

Écris une phrase aux thèmes suivants au sujet du collège.

- Les heures
- La routine
- Les bâtiments
- Les activités extra-scolaires
- Les professeurs
- Tes opinions

3A BYWYD YSGOL/COLEG (2)

DARLLEN

Darllenwch y 10 rheol o ysgol yn Ffrainc.
Parwch 1–10 gydag a–g.

1. Il faut faire les devoirs.
2. Il faut écouter les professeurs.
3. Il faut être toujours à l'heure.
4. Il faut respecter les autres.
5. Il est interdit de fumer ou de prendre de la drogue.
6. Il est interdit d'utiliser les portables en classe.
7. Il est permis de rentrer à la maison pendant l'heure du déjeuner.
8. Il n'est pas permis de sortir du collège pendant la récré.
9. Si on a de mauvaises notes à la fin de l'année, il faut redoubler.
10. Si vous avez un cours libre, il faut aller à la bibliothèque.

a. Mae'n rhaid i chi wrando ar yr athrawon.
b. Os oes gennych wers rydd, mae'n rhaid i chi fynd i'r llyfrgell.
c. Ni chaniateir defnyddio ffôn symudol yn y dosbarth.
ch. Ni chaniateir ysmygu na chymryd cyffuriau.
d. Mae'n rhaid i chi wneud gwaith cartref.
dd. Mae'n rhaid i chi fod yn brydlon.
e. Nid ydych yn cael gadael yr ysgol amser egwyl.
f. Os ydych yn cael marciau gwael ar ddiwedd y flwyddyn, bydd yn rhaid i chi ail-wneud y flwyddyn.
ff. Mae'n rhaid i chi barchu eraill.
g. Rydych yn cael mynd adref amser cinio.

YSTAFELL Y PENNAETH

DARLLEN

Lis les messages des jeunes sur Facebook au sujet de leur journée au collège. Réponds aux questions suivantes.

« Aujourd'hui, le directeur m'a renvoyée chez moi parce que j'ai apporté des cigarettes au collège. » **A.M.**

« Avant un contrôle mon prof m'a demandé c'est quelle langue aujourd'hui anglais ou allemand ? » **H.K.**

« J'ai reçu 7/20 en français aujourd'hui ! Mon ami qui est d'origine des États-Unis a eu 12/20 ! » **S.P.**

« Avant d'entrer dans mon cours de maths, j'ai eu un texto de ma copine. J'ai dû le lire mais je ne savais pas que le prof était derrière moi et a lu le texte aussi ! J'étais aussi rouge qu'un poisson rouge ! » **B.F.**

« Le weekend, je fais mes devoirs. Ma mère m'a dit que j'ai trop attendu pour les faire pendant que mon père a dit qu'il était très content que je travaillais si dur ! Qui a raison ? » **G.R.**

1. Qui a été embarrassé ?
2. Qui n'a pas respecté une règle scolaire ?
3. Qui est nul en français ?
4. Qui fait du travail scolaire à la maison ?
5. Qui a eu une épreuve linguistique ?

YCHWANEGOL

Cyfieithwch beth ysgrifennodd S.P. a H.K. ar Facebook i'r Gymraeg.

DARLLEN

Cyfieithwch y brawddegau hyn i'r Gymraeg.

1. J'ai mangé à la cantine et c'était délicieux.
2. J'aime le collège, mais les professeurs sont stricts.
3. Il faut être toujours à l'heure.
4. Mon collège idéal serait très grand avec beaucoup d'ordinateurs.

GRAMADEG

Amser perffaith (gorffennol) gydag *être*

Y rhain yw'r holl ferfau sy'n defnyddio amser presennol **être** i ffurfio'r amser perffaith. Mae pob berf atblygol yn cael ei ffurfio yn yr un ffordd.

* aller – mynd
* arriver – cyrraedd
* descendre – mynd i lawr, disgyn
* devenir – dod yn
* entrer – mynd i mewn, dod i mewn
* monter – mynd i fyny, dod i fyny
* mourir – marw
* naître – cael eich geni
* partir – gadael
* rentrer – mynd yn ôl, dod yn ôl
* rester – aros
* retourner – dychwelyd
* revenir – dod yn ôl
* sortir – mynd allan
* tomber – cwympo/syrthio
* venir – dod

Gan eu bod yn cael eu ffurfio gydag amser presennol **être**, bydd yn rhaid i derfyniadau'r berfau gytuno â'r person. Edrychwch ar y ferf **arriver** isod fel enghraifft:

* Je suis arrivé(e)
* Tu es arrivé(e)
* Il est arrivé
* Elle est arrivée
* Nous sommes arrivé(e)s
* Vous êtes arrivé(e)s
* Ils sont arrivés
* Elles sont arrivées

Edrychwch ar dudalen 228 yn y crynodeb gramadeg i gael mwy o wybodaeth.

GWRANDO

Gwrandewch ar Julie a Louis yn siarad am y pynciau maen nhw'n eu cael yn anodd. Atebwch y cwestiynau canlynol:

* Pa bynciau mae'r ddau yn eu cael yn anodd?
* Beth yn union maen nhw'n ei gael yn anodd am bob pwnc?
* Pa gyngor sy'n cael ei roi i'w helpu?

SIARAD

Chwarae rôl

* Rhowch **ddau** fanylyn am eich ysgol
* Dywedwch beth yw eich barn am eich ysgol a pham
* Dywedwch beth wnaethoch chi amser egwyl ddoe
* Gofynnwch gwestiwn i'ch ffrind am ei ddiwrnod/ei diwrnod ysgol
* Dywedwch beth byddwch yn ei wneud ar ôl yr ysgol heddiw
* Gofynnwch i'ch ffrind a oes ganddo/ganddi wisg ysgol

YSGRIFENNU

Réponds au mail de ton/ta correspondant(e).

Salut John,

J'espère que tu vas bien ! <u>Je suis très fatigué parce que j'ai trop de devoirs !</u> Que fais-tu comme matières au collège ? Comment sont tes profs ? Que fais-tu à midi ? Que portes-tu comme uniforme scolaire ? <u>Ici on ne porte pas d'uniforme scolaire. D'habitude je porte un jean et un t-shirt.</u>

En attendant tes nouvelles,

Amitiés,

Patrick

YCHWANEGOL

Cyfieithwch y brawddegau a danlinellwyd yn yr e-bost i'r Gymraeg.

DARLLEN

Darllenwch y dudalen we ganlynol o Lycée Jacques Brel yn Lyon. Atebwch y cwestiynau yn Gymraeg.

Le lycée Jacques Brel se trouve dans les alentours de Lyon.

Le lycée a 1 130 élèves et soixante professeurs.

Le lycée vient d'avoir de nouveaux bâtiments et la construction est moderne.

Ici les élèves peuvent étudier pour les Baccalauréats Généraux (littéraire, économique et social, scientifique) et les Baccalauréats Technologiques (management et gestion, santé et social).

1. Ble yn union mae'r ysgol?
2. Sawl athro sydd yno?
3. Pa fath o adeiladau sydd ganddi?
4. Enwch ddau faes all gael eu hastudio ar gyfer y Bac Général.
5. Enwch ddau faes all gael eu hastudio ar gyfer y Bac Technologique.

DARLLEN

Darllenwch y testun am athrawon a llenwch y bylchau gan ddefnyddio geiriau o'r rhestr isod.

Il y a toutes (1) _____ de profs : des profs gentils, des profs stricts, des profs stressés, des profs (2) _____. Il y a des profs chics et des profs qui portent (3) _____ vêtements moches !

Une chose en (4) _____, les profs (5) _____ humains comme les autres et apprécient la politesse. Ils (6) _____ les jeunes qui les écoutent et (7) _____ posent des (8) _____ intéressantes.

aime	important	rigolos
aiment	intelligent	sont
cent	le	sorte
commun	quand	sortes
des	questions	
histoires	qui	

GWRANDO

Écoute les phrases 1 à 8. Est-ce qu'on parle du système scolaire en France ou en Grande-Bretagne ?

GRAMADEG

Amser a rhifau

Mae rhifau ac amserau yn codi yn aml ar lefel TGAU. Bydd angen i chi fod yn gyfarwydd iawn â'r rhain. I wirio eich rhifau, edrychwch ar ddudalen 219.

Mae'r nodyn atgoffa isod yn dangos sut i ddweud yr amser yn Ffrangeg.

Quelle heure est-il?

- **7.00** Il est sept heures
- **7.05** Il est sept heures cinq
- **7.10** Il est sept heures dix
- **7.15** Il est sept heures et quart
- **7.20** Il est sept heures vingt
- **7.25** Il est sept heures vingt-cinq
- **7.30** Il est sept heures et demie
- **7.35** Il est huit heures moins vingt-cinq
- **7.40** Il est huit heures moins vingt
- **7.45** Il est huit heures moins le quart
- **7.50** Il est huit heures moins dix
- **7.55** Il est huit heures moins cinq

Sylwch:

- **12.00** Il est midi
- **12.30** Il est midi et demi
- **00.00** Il est minuit
- **00.30** Il est minuit et demi
- **14.00** Il est quatorze heures

Sgwrs

- Décris ton collège.
- À quelles matières t'intéresses-tu ? Pourquoi ?
- Quelle est ton opinion de l'uniforme scolaire ?
- Quelle est ta journée préférée ? Pourquoi ?
- Qu'est-ce que tu as fait au collège la semaine dernière ?
- À ton avis, est-ce que les professeurs encouragent les jeunes ?

Cyfieithwch y brawddegau canlynol i'r Ffrangeg.

1. Ni chaniateir gwisgo gemwaith.
2. Mae'n hen ysgol.
3. Mae'r ysgol yn dechrau am 8.45am.
4. Mae gwyddoniaeth yn ddefnyddiol.
5. Mae ieithoedd yn bwysig.

absent	absennol
l'amélioration	gwelliant
l'appel	cofrestru
apprendre	dysgu
l'apprenti	prentis
l'apprentissage	prentisiaeth
l'art	crefft, celf
artistique	artistig
l'assemblée	gwasanaeth
une bibliothèque	llyfrgell
un bic	beiro
un bulletin scolaire	adroddiad ysgol
un cahier	llyfr ymarfer
un calendrier	calendr
la cantine	ffreutur
un cartable	bag ysgol
une chaise	cadair
un chiffre	rhif
une chorale	côr
un collège	ysgol uwchradd
compliqué(e)	cymhleth
le concierge	gofalwr
un contrôle	prawf
un(e) correspondant(e)	ffrind post
un couloir	coridor
couramment	yn rhugl
la cour	iard (chwarae)
un cours	gwers
la craie	sialc
un crayon	pensil
le début	y dechrau
un(e) débutant(e)	dechreuwr

dernier/dernière	diwethaf, olaf
les devoirs	gwaith cartref
la dictée	arddywediad
un dictionnaire	geiriadur
le directeur	pennaeth/prifathro
la directrice	pennaeth/prifathrawes
les dissertations	traethodau
une école	ysgol
une école primaire	ysgol gynradd
une école spécialisée	ysgol arbennig
un(e) élève	disgybl
un emploi du temps	amserlen
ennuyeux/ennuyeuse	diflas
en pension	mewn ysgol breswyl
l'enseignement	addysg
une épreuve	prawf
une épreuve orale	prawf llafar
une erreur	camgymeriad
un(e) étudiant(e)	myfyriwr
étudier	astudio
un examen	arholiad
la fac	prifysgol
faux/fausse	anghywir
un feutre	pen ffelt
une flûte à bec	recorder (offeryn)
les grandes vacances	gwyliau'r haf
un gymnase	campfa
une heure	awr
un jeu de rôle	chwarae rôl
un laboratoire	labordy
une leçon	gwers
libre	rhydd
un livre	llyfr
un mot	gair
un mur	mur, wal
un niveau	lefel
une note	marc
un nombre	rhif

une pause	egwyl
une pause déjeuner	egwyl cinio
un professeur d'appel	tiwtor dosbarth
la punition	cosb
la récréation	amser egwyl/egwyl ysgol
le redoublement	ailsefyll blwyddyn
une règle	pren mesur; rheol
la rentrée	dychwelyd i'r ysgol (ar ddechrau blwyddyn ysgol newydd)
un(e) représentant(e) de classe	cynrychiolydd dosbarth
le résultat	canlyniad
une réunion	cyfarfod
une revue	ymarfer
un sac	bag
une salle d'assemblée	neuadd
une salle de classe	ystafell ddosbarth
une salle d'informatique	ystafell TGCh
le sens	ystyr; cyfeiriad
sévère	llym
le stage	cwrs
le succès	cyflawniad/llwyddiant
la surveillance	goruchwyliaeth
un tableau blanc interactif	bwrdd gwyn rhyngweithiol
un tableau noir	bwrdd du
une tâche	tasg
terminé(e)	wedi gorffen
le travail	gwaith
le travail scolaire	gwaith ysgol
un uniforme scolaire	gwisg ysgol
l'université	prifysgol
les vacances	gwyliau
le voyage scolaire	taith ysgol

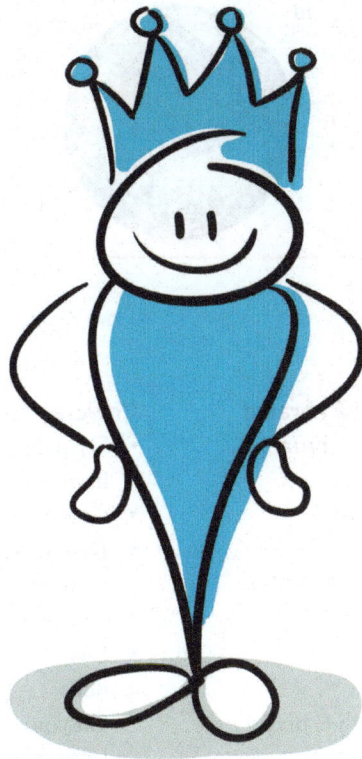

DARLLEN

Lis les commentaires sur les matières. Écris le numéro correct.

a

b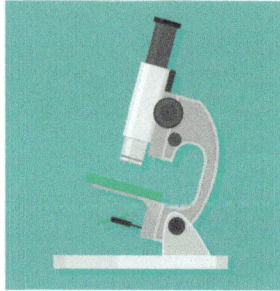

c

ch

d

dd

1. J'aimerais être vétérinaire, alors je devrais étudier les sciences.
2. Je voudrais devenir mécanicien et j'aimerais travailler avec les voitures.
3. Alors moi, je voudrais être entraîneur de football. Je vais continuer mes études de sport à l'université
4. Je m'intéresse aux pays et à la nature. Alors je voudrais continuer mes études en géographie.
5. Je voudrais étudier l'espagnol parce que j'adore L'Espagne et j'aimerais y habiter.

YCHWANEGOL

Dewiswch un o'r brawddegau uchod a chyfieithwch hi i'r Gymraeg.

GWRANDO

Gwrandewch ar Marianne yn siarad â'i brawd Martin am 'le lycée'. Atebwch y cwestiynau yn Gymraeg.

1. Beth yw'r peth cyntaf mae Marianne yn ei ddweud wrth ei brawd?
2. Pa bynciau gallwch chi eu hastudio yn 'le collège' ac yn 'le lycée'?
3. Pa bynciau sy'n newydd yn 'le lycée'?
4. Sut bobl yw'r athrawon ?
5. Beth mae Marianne yn ei ddweud wrth ei brawd ar y diwedd?

SIARAD

Chwarae rôl
- Dywedwch pa bynciau rydych chi'n eu hastudio
- Gofynnwch i'ch ffrind beth yw ei hoff bwnc
- Dywedwch pwy yw eich hoff athro a pham
- Dywedwch beth byddech chi'n hoffi ei ddysgu yn y dyfodol
- Dywedwch pa waith cartref wnaethoch chi ddoe
- Gofynnwch i'ch ffrind a oes ganddo/ganddi lawer o arholiadau

Darllenwch y darnau canlynol o'r canllaw dewisiadau pwnc mewn 'lycée'. Cwblhewch y tabl isod yn Gymraeg gan nodi'r manylion priodol am bob cwrs.

Vous aimez les langues mais aussi la société et la culture ?

On vous conseille de suivre une LV3 étrangère (espagnol ou italien) ou régionale (breton, corse, basque). Il y aura huit heures par semaine. Vous apprendrez une langue, une civilisation, un mode de vie et de pensée différents. En ce qui concerne les études de langues, vous allez apprendre un nouveau vocabulaire, de la grammaire, la conversation, l'étude de textes, de documents, de films et de traductions.

Fan de sport ?

On vous conseille d'étudier l'enseignement EPS. Il y aura neuf heures par semaine. Vous allez apprendre de nouveaux aspects (santé, commerce, sécurité, spectacle). Vous allez choisir deux activités physiques, sportives et artistiques.

Cwrs ieithoedd	
Oriau yr wythnos	
Ieithoedd tramor	
Ieithoedd rhanbarthol	
Meysydd astudio eraill	
Manylion y cwrs iaith	

Cwrs chwaraeon	
Oriau yr wythnos	
Meysydd astudio eraill	
Gweithgareddau	

GRAMADEG

Ansoddeiriau amhendant

- **autre** – arall e.e. Les autres élèves étudient l'anglais, J'ai une autre copine !
- **chaque** – pob e.e. chaque élève a un portable, chaque voiture.
- **même** – yr un e.e. il a vu le même match, elle a la même jupe.
- **plusieurs** – nifer o, sawl e.e. j'ai plusieurs jeux vidéo.
- **quelque** (s) – peth, rhai e.e. pendant quelque temps, quelques élèves ont oublié les devoirs.
- **tel, telle, tells, telles** – y fath e.e. un tel garçon, de telles voitures.
- **tout, toute, tous, toutes** – yr holl, i gyd e.e. tous les garçons, toutes les matières.

YSGRIFENNU

Écris un article pour le site web de ton collège. Écris au sujet de...

- Ton école primaire (passé)
- Ton collège (présent)
- Inclus des opinions
- Ce que tu vas faire en septembre comme matières

YCHWANEGOL

Écris au sujet des différents systèmes scolaires en Grande-Bretagne et en France.

DARLLEN

Darllenwch y detholiad canlynol sydd wedi'i addasu o fywgraffiad y seren bop o Ffrainc, Mylène Farmer. Yn y darn hwn mae'r awdur yn sôn am ei hamser yn yr ysgol. Atebwch y cwestiynau yn Gymraeg.

Il y a des matières telles que les mathématiques qu'elle n'a pas aimées. Il y en a d'autres qu'elle a trouvé importantes, telles que l'histoire, le français et le dessin.

L'histoire est devenue sa passion et plus tard dans la vie ses clips vidéo ont montré des époques historiques.

Elle aimait beaucoup la littérature française parce qu'elle avait une grande imagination. Elle a lu beaucoup de poèmes aussi. Elle a commencé à s'intéresser au dessin à la maison avec sa grand-mère et elle a appris les techniques de dessin à l'école.

1. Pa bwnc doedd Mylène ddim yn ei hoffi?
2. Pa bynciau oedd yn bwysig yn ei barn?
3. Beth sy'n cael ei ddweud am ei fideos cerddoriaeth?
4. Pam roedd hi'n hoffi llenyddiaeth Ffrangeg?
5. Beth mae hi wedi darllen llawer ohonynt?
6. Ble dechreuodd hi hoffi arlunio?
7. Pwy wnaeth ei dysgu hi i arlunio?

DARLLEN

Darllenwch y testun isod. Yna gwnewch nodiadau yn Gymraeg am y broblem sydd gan bob disgybl a pha gyngor sy'n cael ei roi.

Les problèmes de classe

Luc : Quand je suis en classe, j'écoute bien ce qu'on dit. Mais quelquefois, je ne comprends pas. Le problème, c'est que ça entre par une oreille et ressort par l'autre oreille !

Conseil : Il faut faire travailler ta mémoire à long terme. Travaille avec un ami pour t'aider. Révise petit à petit chaque jour.

Stéphanie : J'ai toujours du mal à parler devant les autres en classe. Je suis timide et je déteste faire les exposés à l'oral.

Conseil : Apprends à respirer et à te relaxer. Pratique devant le miroir dans ta chambre, puis devant tes amis ou tes parents.

Fiona : J'ai du mal à me concentrer en classe. Je suis toujours fatiguée !

Conseil : À quelle heure te couches-tu ? Essaie d'aller au lit une heure plus tôt que d'habitude et laisse le portable et l'iPod dans le salon ou éteins-les !

GWRANDO

Écoute ce professeur qui parle de son collège. Choisis la bonne réponse.

1. Il y a combien de sortes de classes ?
   a. 2
   b. 8
   c. 10
2. Dans une classe monolingue on parle...
   a. Le breton et l'anglais
   b. Le français
   c. Le breton et le français
3. Dans une classe bilingue on parle...
   a. Le breton et l'anglais
   b. Le français
   c. Le breton et le français
4. Qui fait le choix de classes ?
   a. Le professeur
   b. L'élève
   c. Les parents et l'élève
5. Le matin on étudie...
   a. Les maths et l'histoire
   b. Les maths et le français
   c. Le français et le breton
6. Comme sport on fait...
   a. Le judo
   b. La danse
   c. La gymnastique
7. Il y combien d'élèves dans les classes bilingues ?
   a. 15
   b. 38
   c. 50

YSGRIFENNU

Cyfieithwch y brawddegau hyn i'r Ffrangeg:

1. Ar hyn o bryd mae gen i lawer o waith cartref i'w wneud.
2. Rwy'n falch iawn fy mod wedi penderfynu astudio addysg gorfforol a Ffrangeg.
3. Mae fy chwaer yn hoff iawn o ddarllen ac mae hi'n dda mewn Saesneg.
4. Rwy'n gweld mathemateg yn anodd ond mae fy athro yn rhoi llawer o help i mi.
5. Dydw i ddim yn greadigol ac rwy'n cael marciau gwael mewn celf.

SIARAD

Sgwrs

- Penses-tu qu'il y ait trop de pressions au collège ?
- Que penses-tu des professeurs ? Pourquoi ?
- Que feras-tu l'année prochaine comme études ? Pourquoi ?
- Penses-tu qu'il y ait trop de devoirs ?
- Qu'as-tu fait comme devoirs hier ?
- Comment serait ton école idéale ? Pourquoi ?

GRAMADEG

Rhagenwau personol
Rhagenwau goddrychol:

	Unigol	Lluosog
1	je	nous
2	tu	vous
3	il/elle/on	ils/elles

Mae **on** yn rhagenw unigol ond gallwch ei gyfieithu fel 'ni' e.e. On va au concert (Rydyn ni'n mynd i'r gyngerdd).

DARLLEN

Cyfieithwch y brawddegau hyn i'r Gymraeg:

1. J'aime l'histoire, mais je la trouve difficile.
2. J'ai fait beaucoup de devoirs hier – surtout les maths.
3. Ma sœur n'écoute pas dans la classe.
4. Je voudrais étudier l'allemand parce que j'aimerais travailler en Allemagne.

DARLLEN

Darllenwch y brawddegau isod am y problemau a allai achosi straen yn yr ysgol.

1. Si on ne fait pas assez de progrès on doit redoubler l'année.
2. Ils nous donnent des lignes à écrire.
3. Si on ne fait pas les devoirs, il y a une retenue.
4. Mes parents me stressent et les profs me stressent – tout est stressant !
5. On a trop de contrôles et de devoirs.
6. Je dois travailler au moins trois heures chaque soir en faisant les devoirs – c'est trop !
7. Je n'ai pas d'amis en classe, alors je me sens tout seul.
8. Une fille de ma classe m'embête, il y a des jours où je n'ai pas envie d'aller au lycée à cause d'elle !
9. L'année dernière mon père a changé de lieu de travail et j'ai dû m'inscrire dans un nouveau collège.

Chwiliwch am y darnau Ffrangeg o'r brawddegau uchod sy'n cyfateb i'r gosodiadau canlynol yn Gymraeg.

a. Mae merch yn fy nosbarth yn fy ngwylltio
b. Rydyn ni'n cael gormod o brofion
c. Mae'n rhaid i ni ailsefyll y flwyddyn
ch. Maen nhw'n ein cadw i mewn ar ôl yr ysgol
d. Ysgol newydd
dd. Mae'n rhaid i mi weithio
e. Maen nhw'n rhoi .... i ni
f. Mae popeth yn straen
ff. Does dim awydd ..... arnaf i
g. Rwy'n teimlo'n unig

YCHWANEGOL

Cyfieithwch ddwy o'r brawddegau uchod i'r Gymraeg.

DARLLEN

Lis l'article au sujet des examens et le stress. Remplis les blancs.

L'importance de la (1) _____ pour les examens. La préparation n'est (2) _____ facile mais c'est (3) _____ important si on veut faire mieux et (4) _____ le stress.

Clotilde : « Si j'avais su l'importance de la préparation pour les examens, j' (5) _____ commencé plus tôt! Il me faut de la pression pour réviser. Comme je n'ai pas bien préparé pour les examens, j' (6) _____ été stressée ! »

Richard : « Je prépare les examens en (7) _____. Comme ça j'arrive au jour de l'examen sans stress. »

Le stress est (8) _____ et il est important de prendre du temps à préparer. Pendant les (9) _____ avant les examens il faut aussi manger (10) _____ et boire beaucoup d'eau pour être bien hydraté. Il ne faut pas prendre (11) _____ de caféine. Finalement le plus important ? – C'est de bien (12) _____ !

ai	heure	révise
aurais	nature	semaine
avais	naturel	semaines
avance	mal	sortir
bien	préparation	suis
dormir	pas	toute
encourager	petit	trop
éviter	peut	vraiment

YSGRIFENNU

Écris un mail à ton ami(e) français(e) au sujet des problèmes au lycée:
• devoirs
• stress
• examens

GWRANDO

Écoute l'avis pour avoir un bon examen. Réponds aux questions en français. Combien d'heures faut-il dormir la nuit ?

1. Qui peut te faire reveiller ? Et comment ?
2. Que faut-il faire quand on se lève ?
3. Que faut-il prendre pour le petit déjeuner ?
4. Qu'est-ce qu'il ne faut pas prendre pour le petit déjeuner ?

SIARAD

Llun ar gerdyn

- Décris cette photo/Qu'est-ce qui se passe sur cette photo ?
- Penses-tu que les devoirs soient une perte de temps ?
- Penses-tu qu'il y ait trop d'examens ?
- Souffres-tu du stress au lycée ?
- Est-ce que ta famille t'encourage avec tes études ?

GRAMADEG

Rhagenwau gwrthrychol

Mae'r tabl isod yn dangos trefn arferol rhagenwau:

1	2	3	4	5
me				
te	le			
se	la	lui		
nous	les	leur	y	en
vous				

e.e.

- Je te le donne – Rydw i'n ei roi i ti
- Il m'en a parlé – Siaradodd â minnau amdano

Edrychwch ar dudalen 214 yn y crynodeb gramadeg i gael mwy o wybodaeth.

affreux/affreuse	ofnadwy
aimer faire	hoffi gwneud
l'allemand	Almaeneg
l'anglais	Saesneg
les arts dramatiques	drama
la biologie	bioleg
la chimie	cemeg
chouette	gwych
le dessin	celf
détester	casáu
difficile	anodd
le droit	y gyfraith
dur(e)	anodd
l'éducation religieuse	addysg grefyddol
ennuyeux/ennuyeuse	diflas
l'éducation physique et sportive (EPS)	addysg gorfforol
l'espagnol	Sbaeneg
être amusant(e)	bod yn ddoniol/difyr
les études sociaux	astudiaethau cymdeithasol
facile	hawdd
formidable	gwych
le français	Ffrangeg
génial(e)	gwych, da iawn
la géographie	daearyddiaeth
la géologie	daeareg
l' histoire	hanes
l' informatique	TGCh
intéressant(e)	diddorol
inutile	diwerth
les langues étrangères	ieithoedd tramor
les langues vivantes	ieithoedd tramor

léger/légère	ysgafn
lourd(e)	trwm
les mathématiques	mathemateg
la matière	pwnc ysgol
la musique	cerddoriaeth
pas satisfaisant(e)	anfoddhaol
la physique	ffiseg
pratique	ymarferol
le russe	Rwsieg
satisfaisant(e)	boddhaol
les sciences	gwyddoniaeth
terrible	ofnadwy
les travaux manuels	technoleg
très bien	da iawn
utile	defnyddiol

aimer	hoffi
améliorer	gwella
choisir	dewis
commencer	dechrau
compléter	cwblhau
comprendre	deall
concentrer	talu sylw
copier	copïo
corriger	cywiro
demander	gofyn
dessiner	arlunio
détenir	cael eich cadw'n ôl
dicter	arddweud
dire	dweud
durer	para, parhau
échanger	cyfnewid
écouter	gwrando
écrire	ysgrifennu
enregistrer	cofrestru; recordio
enseigner	addysgu
épeler	sillafu
étudier	astudio

faire	gwneud
fermer	cau
instruire	addysgu/hyfforddi
lire à haute voix	darllen yn uchel
mettre	rhoi
ouvrir	agor
partir	gadael
peindre	paentio
penser	meddwl
poser une question	gofyn cwestiwn
pouvoir	gallu
pratiquer	ymarfer
prononcer	ynganu
punir	cosbi
quitter	gadael (ysgol)
raconter	dweud
regarder	gwylio
répéter	ailadrodd
répondre	ateb
résoudre	datrys
savoir	gwybod
sérieux/serieuse	difrifol
se plaire	plesio
taper	teipio
terminer	diweddu
traduire	cyfieithu
travailler	gweithio
traverser	croesi
vérifier	gwirio
visiter	mynd i weld, ymweld â
vouloir dire	golygu

GRAMADEG YN EI GYD-DESTUN

GRAMADEG

1. AMSER PERFFAITH GYDAG *AVOIR*

Cyfieithwch y brawddegau canlynol i'r Ffrangeg gan ddefnyddio amser perffaith y ferf mewn cromfachau.

1. Gwnes i fy ngwaith cartref. (faire)
2. Bwytais i frechdan yn y ffreutur. (manger)
3. Astudiodd ef yn y llyfrgell. (étudier)
4. Rhoddodd yr athrawon lawer o waith cartref. (donner)
5. Gweithion ni'n galed iawn. (travailler)

> Cofiwch fod y rhan fwyaf o'r berfau yn yr amser perffaith yn cymryd amser presennol y ferf **avoir**. Edrychwch ar dudalen 228

2. AMSER PERFFAITH GYDAG *ÊTRE*

Ysgrifennwch y rhangymeriad gorffennol cywir ar gyfer pob berf – cofiwch wneud iddo gytuno.

1. Elle est _____ (**rentrer**) à la maison.
2. Nous sommes _____ (**arriver**) au collège à neuf heures.
3. Ils sont _____ (**entrer**) dans la salle de classe.
4. Comment es-tu _____ (**aller**) au collège ?
5. Je suis _____ (**retourner**) à mon école primaire.
6. Ma sœur s'est _____ (**coucher**) tard parce qu'elle avait beaucoup de devoirs.

> Bydd angen i chi ddysgu'r rhestr o ferfau sy'n cymryd **être** yn yr amser perffaith. Cofiwch fod berfau atblygol hefyd yn cymryd **être**. Edrychwch ar dudalen 228

3. *ÊTRE* NEU *AVOIR?*

Cwblhewch y brawddegau hyn gan ddefnyddio ffurf gywir **être** neu **avoir**. Cofiwch wneud i'r rhangymeriad gorffennol gytuno os yw'n ferf **être**.

1. Elle _____ revenu_ à notre classe.
2. Nous _____ pris l'autobus ce matin.
3. _____-vous entendu l'explication du professeur ?
4. Mes amis _____ arrivé_ pendant la récré.
5. Les profs _____ resté_ dans la salle des professeurs.
6. Il _____ décidé d'étudier les sciences.

> Mae'n bwysig iawn eich bod yn dal i adolygu'r amser perffaith – bydd yn rhaid i chi gyfeirio at ddigwyddiadau yn y gorffennol, y presennol a'r dyfodol yn eich holl arholiadau.

4. YR AMSER

Ysgrifennwch y rhain *yn llawn* yn Ffrangeg.

1. Mae'r gwersi'n dechrau am 8.30.
2. Mae amser egwyl yn dechrau am 11.20.
3. Mae'r ysgol yn gorffen am 3.35.
4. Rwy'n mynd i'r gwely am 10.15.
5. Rydw i'n codi am 6.45.

> Mae amserau, dyddiadau a rhifau i gyd yn debygol o ymddangos yn eich arholiad. Gwnewch yn siŵr eich bod yn hyderus wrth eu defnyddio a'u deall. Edrychwch ar dudalen 219.

5. ANSODDEIRIAU AMHENDANT

Cyfieithwch y brawddegau canlynol i'r Gymraeg.

1. Quelques élèves ont oublié leurs devoirs.
2. Mon frère déteste toutes les matières.
3. Les autres élèves étudient la biologie.
4. Chaque élève doit porter une cravate.
5. Mon professeur dit la même chose tous les jours.
6. Il y a plusieurs professeurs sévères à mon école.

> Mae ansoddeiriau amhendant yn cael eu defnyddio i fynegi *arall, pob, yr un, nifer o, rhai, peth, y fath* a *phob un*. Edrychwch ar dudalen 212.

6. RHAGENWAU GWRTHRYCHOL

Rhowch ragenw addas yn lle'r enwau mewn teip italig yn y brawddegau hyn.

1. Il aime *l'histoire*.
2. J'ai fait *mon travail*.
3. Je vais *au collège*.
4. J'ai beaucoup *de devoirs*.
5. Le professeur donne *le travail a l'élève*.

> Mae rhagenw gwrthrychol yn cymryd lle gwrthrych brawddeg – gall rhagenwau fod yn eithaf dryslyd felly mae'n bwysig eich bod yn eu hadolygu. Edrychwch ar dudalen 214.

THEMA: HUNANIAETH A DIWYLLIANT

UNED 2

FFORDD O FYW

Lis ce que ces quatre jeunes disent de leur santé.

Julie : Je pense que je suis en forme. Je mange bien et je fais beaucoup de sport.

Guy : J'ai toujours faim moi ! J'adore le chocolat et les boissons gazeuses. Ma mère me dit qu'il ne faut pas grignoter !

Baptiste : Quelquefois je vais à la piscine et je fais un peu de sport au collège. Je sais qu'il faut en faire plus.

Eliane : Pour moi la santé est importante. J'essaie de manger sain pendant la semaine et le weekend je me permets de manger de la pizza.

Réponds aux questions avec un prénom.

1. Qui aime manger ?
2. Qui ne mange pas sainement le samedi et le dimanche ?
3. Qui aime manger des snacks ?
4. Qui est le/la plus sportif/sportive ?
5. Qui mange le moins bien ?
6. Qui aime nager ?

Chwiliwch am y Ffrangeg am:
- Rydw i bob amser yn llwglyd
- Rwy'n ceisio bwyta'n iach
- Rwy'n cadw'n heini
- Pigo bwyta
- Rwy'n gwybod bod angen i mi wneud mwy

Darllenwch y tri dewis o bryd amser cinio iach isod. Dewiswch y pum brawddeg gywir.

Les salades : La salade est un repas bien équilibré et on peut ajouter des féculents comme le riz, les pommes de terre ou les pâtes. Cependant il faut faire attention aux salades déjà préparées au supermarché. Quelquefois elles contiennent des sauces avec de la matière grasse ou du sucre. Il faut toujours lire les étiquettes.

Au snack : Tous les snacks ne sont pas si mauvais pour la santé. Si tu en veux (de temps en temps), mange un hot dog ou une pizza avec du jambon et des champignons ou ananas. Bois de l'eau ou un jus de fruit et surtout évite les frites !

Les sandwichs : Les baguettes sont délicieuses, mais fais attention à ce qu'il y a dedans. Choisis des baguettes sans mayonnaise. Le bœuf ou le jambon avec de la salade est le meilleur pour la santé. Le fromage contient trop de matière grasse.

1. Weithiau mae cŵn poeth yn ddewis byrbryd mwy iachus.
2. Gallwch fwyta sglodion ddwywaith yr wythnos.
3. Mae brechdanau caws yn ddewis iach.
4. Gallwch fwyta *pizza* gyda llysiau arno.
5. Dylech osgoi sudd ffrwythau.
6. Cymerwch ofal wrth ddewis saladau archfarchnad.
7. Gallwch ychwanegu taten at salad.
8. Mae sawsiau yn gallu cynnwys siwgr.
9. Mae pob byrbryd yn ddrwg i'ch iechyd.
10. Mae sawsiau yn gallu cynnwys fitaminau.

Écris au moins une phrase au sujet des points suivants:
- Ce que tu aimes manger et pourquoi
- Ce que tu n'aimes pas manger et pourquoi
- Ce que tu as mangé hier
- Ce que tu vas manger ce soir

SIARAD

Llun ar gerdyn

- Décris cette photo/Qu'est-ce qui se passe sur cette photo ?
- Manges-tu sainement ? Pourquoi (pas) ?
- La nourriture à la cantine est bonne pour la santé. Es-tu d'accord ?
- Qu'est-ce que tu as fait hier pour garder la forme ?
- Que ferais-tu pour améliorer ta santé ?

GWRANDO

Gwrandewch ar yr adroddiad newyddion am arferion bwyta yn Ffrainc. Atebwch y cwestiynau yn Gymraeg.

1. Ar gyfartaledd, faint o amser mae pob person yn ei dreulio yn bwyta bob dydd?
2. Pa fathau o brydau mae'r rhan fwyaf o bobl Ffrainc yn eu bwyta?
3. Faint o bobl Ffrainc sy'n bwyta cinio am 1 p.m.?
4. Pa ganran o bobl sy'n bwyta o flaen y teledu?
5. Faint yw oed y grŵp mwyaf sy'n gwylio'r teledu wrth fwyta?
6. Beth arall mae pobl Ffrainc yn hoffi ei wneud wrth fwyta?

Ansoddeiriau dangosol

Gwrywaidd	Benywaidd	Lluosog
ce (cet o flaen 'h' neu lafariad)	cette	ces

GRAMADEG

Rydym yn cyfieithu 'ce/cet/cette/ces' i'r Gymraeg fel 'hwn/hon/hwnnw/honno/hyn/hynny' e.e.

- ce snack – y byrbryd hwn/hwnnw
- cet ananas – y pinafal hwn/hwnnw
- cette boisson – y ddiod hon/honno
- ces pizzas – y *pizzas* hyn/hynny

Edrychwch ar dudalen 212.

DARLLEN

Darllenwch yr holiadur hwn o lyfr am ddeietau, *Le nouveau régime*. Atebwch y cwestiynau yn Gymraeg.

1. Quel est le type de riz que vous consommez le plus souvent ?
   a. riz blanc cuisson rapide
   b. riz blanc cuisson normale
   c. riz semi-complet
   ch. riz basmati ou complet

2. Vous mangez des pommes de terre en purée, frites ou chips...
   a. plus de deux fois par semaine
   b. une à deux fois par semaine
   c. deux fois par semaine
   ch. jamais

3. Vous buvez du soda ou des boissons aux fruits...
   a. tous les jours
   b. trois à quatre fois par semaine
   c. deux fois par semaine
   ch. une fois par semaine ou moins

4. Vous mangez des barres chocolatées ou des pâtisseries....
   a. tous les jours
   b. trois à quatre fois par semaine
   c. deux fois par semaine
   ch. une fois par semaine ou une fois par mois

Pa ateb byddech chi'n ei ddewis ...

1. os ydych eisiau bwyta reis sy'n coginio'n gyflym?
2. os nad ydych byth yn bwyta tatws?
3. os ydych yn bwyta siocled bob dydd?
4. os ydych yn cael diodydd ffisi/pefriog ddwywaith yr wythnos?
5. os ydych yn bwyta cynnyrch sy'n cynnwys tatws bob dydd?
6. os ydych yn bwyta teisennau unwaith y mis?
7. os ydych yn yfed sudd ffrwythau unwaith yr wythnos?

DARLLEN

Lis l'information au sujet du footballeur Dimitri Payet et remplis les blancs.

Après le match (1) _____ la France et les Pays Bas, le footballeur Dimitri Payet a (2) _____ aux questions suivantes.

Q : Comment s'est passé la semaine (3) _____ ?

Dimitri : J'ai passé une très bonne semaine et me suis bien (4) _____. Le match entre la France et Les Pays Bas s'est bien passé. On a gagné trois-deux.

Q : Est-ce que c'était ton meilleur match ?

Dimitri : C'était un des meilleurs de ma (5) _____ ! Le match était varié et la France a été en bonne forme.

Q : Que fais-tu pour (6) _____ la forme ?

Dimitri : À part du sport et l'entraînement. Je (7) _____ bien au moins neuf heures par nuit. Je mange (8) _____ de fruits, de légumes, de féculents et des protéines.

beaucoup	entraîné	répondait
dernier	entre	répondu
dernière	garder	vie
dors	garer	voyage
dormir	manger	
en face	mal	

SIARAD

Chwarae rôl

- Dywedwch beth rydych chi'n ei wneud i gadw'n heini
- Gofynnwch i'ch ffrind beth yw ei hoff gamp
- Dywedwch beth yw eich barn am fwyd cyflym a pham
- Dywedwch beth fwytoch chi ddoe i fod yn iach
- Gofynnwch i'ch ffrind beth mae'n ei fwyta fel arfer i frecwast
- Dywedwch beth byddwch yn ei wneud yr wythnos nesaf i gadw'n heini

Cyfieithwch y brawddegau canlynol i'r Ffrangeg:

Rwy'n caru hwylio ac rwy'n aelod o dîm Olympaidd Ffrainc. Rydw i mewn iechyd da iawn ac rwy'n bwyta llawer o ffrwythau a llysiau. Dydw i byth yn bwyta bwydydd cyflym. Dydw i ddim yn yfed alcohol a dydw i ddim yn ysmygu. Rwy'n mynd i'r gwely'n gynnar. Eleni byddwn i'n hoffi ennill y fedal aur yn y Gemau Olympaidd. Felly, mae'n bwysig iawn fy mod i'n cadw'n heini.

Gwrandewch ar yr hysbyseb hwn. Atebwch y cwestiynau yn Gymraeg.

1. Hysbyseb ar gyfer beth yw hi?
2. Ble mae'r clwb?
3. Beth yw'r oriau agor?
4. Pa gyfleusterau sydd ar gael?
5. Beth sy'n digwydd ym mis Gorffennaf?
6. Beth yw'r costau?
7. Beth yw'r rhif ffôn cyswllt?

Amser presennol berfau atblygol

e.e. Se coucher – mynd i'r gwely

- je **me** couche – rydw i'n mynd i'r gwely
- tu **te** couches – rwyt ti'n mynd i'r gwely (unigol)
- il/elle **se** couche – mae e'n/hi'n mynd i'r gwely
- nous **nous** couchons –rydyn ni'n mynd i'r gwely
- vous **vous** couchez – rydych chi'n mynd i'r gwely (unigol cwrtais neu luosog)
- ils/elles **se** couchent – maen nhw'n mynd i'r gwely

Edrychwch ar dudalen 226.

DARLLEN

Darllenwch yr erthygl papur newydd. Llenwch y bylchau yn Gymraeg.

La consommation d'alcool diminue en ce moment en France. Aujourd'hui sept pour cent des adultes ne boivent pas du tout. Quinze pour cent boivent tous les jours. Plus d'hommes boivent de l'alcool que de femmes.

Le chiffre le plus choquant est parmi les jeunes. Quatre-vingt pour cent des jeunes de dix-sept ans boivent souvent. Les bières sont les plus consommées. La recommandation est de ne pas boire plus de trois verres par jour pour les hommes et deux verres par jour pour les femmes.

1. Mae'r defnydd o alcohol yn mynd _____ yn Ffrainc.
2. Dydy _____ % o oedolion ddim yn yfed o gwbl.
3. Mae _____ o ddynion nag o fenywod yn yfed alcohol.
4. Mae'r ffigur ymhlith _____ yn fwy o ddychryn.
5. Mae pobl ifanc _____ oed yn yfed yn aml.
6. Ni ddylai dynion yfed mwy na _____ bob dydd.

SIARAD

Sgwrs

• Quel est ton sport préféré ? Pourquoi ?
• Est-ce que tu mènes une vie saine ? Pourquoi (pas) ?
• Est-ce que tu aimes la nourriture saine ? Pourquoi (pas) ?
• Qu'est-ce que tu as fait la semaine dernière pour garder la forme ?
• Penses-tu que l'obésité soit un grand problème de nos jours ? Pourquoi (pas) ?
• Est-ce que les jeunes devraient faire plus de sports ?

DARLLEN

Darllenwch yr erthygl. Dewiswch y pedwar gosodiad anghywir.

Les jeunes sont moins sensibles aux effets de l'alcool. C'est pourquoi ils pensent que ce n'est pas un problème de boire un peu trop.

Les drogues aussi sont un problème dans toute la société. Quand on consomme de l'alcool en même temps que de prendre du cannabis, le risque mortel est énorme !

En plus des problèmes physiques tels que le risque d'avoir une crise cardiaque, il existe d'autres problèmes médicaux tels que l'anxiété et la dépression. En plus il y a des problèmes tels que la diminution de la mémorisation à longue terme.

Aujourd'hui c'est « le binge drinking » qui est tendance parmi les jeunes et non parmi les adultes. En France, la moitié des jeunes ont déjà pratiqué « le binge drinking ».

Le gouvernement encourage les écoles à éduquer les jeunes au sujet de la consommation d'alcool et de drogues. Cependant, c'est la famille qui a plus d'influence en ce qui concerne les attitudes envers ces problèmes.

1. Les jeunes boivent beaucoup d'alcool.
2. Ce ne sont que les drogues qui posent un problème parmi les jeunes.
3. On peut mourir si on boit trop d'alcool et fume du cannabis.
4. Si on boit trop d'alcool on peut avoir une bonne mémoire.
5. Les adultes boivent moins que les jeunes.
6. Cinquante pour cent des jeunes ont fait « le binge drinking ».
7. Le gouvernement doit aider les jeunes à consommer moins d'alcool.
8. Les collèges ont plus d'influence que les familles.

YCHWANEGOL

Cyfieithwch y brawddegau cywir i'r Gymraeg.

Écoute ce reportage au sujet de la santé des Français. Réponds aux questions en français.

1. Selon le reportage, quel est le problème ?
2. Combien de femmes ont des kilos en trop ?
3. Quelles sont les deux causes majeures de l'obésité ?
4. Quelles sortes de produits est-ce qu'il ne faut pas manger ?
5. Si on veut faire du shopping, qu'est-ce qu'il faut faire ?
6. Combien de cuillerées de sucre un verre de cola contient-il ?

Rhagenwau perthynol

- qui – sydd, nad yw (goddrych)
- que – y, yr, nad (gwrthrych)

e.e.

- Voici les produits qui sont sains – Dyma'r cynhyrchion sy'n iachus
- Voici les produits bios que vous cherchez – Dyma'r bwydydd organig rydych yn chwilio amdanynt

- ce qui – beth, yr hwn/hon (goddrych)
- ce que – beth, yr hwn/hon (gwrthrych)

e.e.

- Dis-moi ce qui est arrivé – Dwed wrthyf beth sydd wedi digwydd
- Dis-moi ce que le médecin a dit – Dwed wrthyf beth ddywedodd y doctor

Edrychwch ar dudalen 215 yn y crynodeb gramadeg i gael mwy o wybodaeth.

Écris un article en français au sujet des jeunes et la santé. Donne tes opinions et justifie tes raisons sur :

- L'importance de manger sainement
- Les aspects positifs du sport
- Ce que tu vas faire pour améliorer ta santé

Cyfieithwch y paragraff hwn i'r Gymraeg:

L'aquagym est un bon exercice pour garder la forme. On fait de l'exercice dans l'eau. C'est un bon sport pour le matin. L'aquagym est bonne pour l'esprit et le physique. Tout le monde peut la faire à la piscine près de chez soi.

l'aide	cymorth, help
l'alcool	alcohol
avoir chaud	teimlo'n boeth
avoir froid	teimlo'n oer
avoir mal à	bod â phoen/loes
blessé(e)	wedi cael anaf
une blessure	anaf
en bonne santé	yn iach
un cabinet médical	meddygfa
un cachet	tabled
cassé(e)	wedi torri
casser	torri
un comprimé	pilsen
le coup de soleil	llosg haul
la dépendance	caethiwed, dibyniaeth ar
la douleur	poen
les drogues	cyffuriau
enrhumé(e)	anwydog, dan annwyd
essoufflé(e)	byr o wynt
faible	gwan
fatigué(e)	wedi blino
la fièvre	twymyn, gwres
en forme	heini
fort(e)	cryf
fumer	ysmygu
garder la forme	cadw'n heini
la grippe	ffliw
guérir	gwella
la guérison	gwellhad
malade	sâl
une maladie	clefyd, salwch
le médicament	meddyginiaeth

mort(e)	wedi marw
mourir	marw
l'ordonnance	presgripsiwn
perdre du poids	colli pwysau
la piqure	pigiad
propre	glân
un régime	deiet
un rendez-vous	apwyntiad, cyfarfod
reposer	gorffwys
un rhume	annwyd
saigner	gwaedu
le sang	gwaed
la santé	iechyd
se faire mal	(eich) anafu eich hun
souffrir	dioddef o
le sparadrap	plaster
le tabagisme	caethiwed i ysmygu
tomber	disgyn/cwympo
tordre	ysigo, troi
le traitement	triniaeth
traiter	trin
vacciner	brechu
vomir	chwydu

la bouche	ceg
le bras	braich
le corps	corff
le cou	gwddf
la dent	dant
le doigt	bys
le dos	cefn
l'épaule	ysgwydd
l'estomac	stumog
le genou	pen-glin
la gorge	gwddf/llwnc
la jambe	coes
la main	llaw
le nez	trwyn

l'œil	llygad
l'oreille	clust
le pied	troed
la tête	pen
le ventre	stumog, bol, bola
les yeux	llygaid

l'aérobic	aerobeg
aller au gymnase	mynd i'r gampfa
le cyclisme	beicio
dedans	y tu mewn
dehors	y tu allan
une équipe	tîm
l'équitation	marchogaeth ceffyl
l'escalade	dringo
faire une balade	mynd am dro
grimper	dringo
nager	nofio
la natation	nofio
la pêche	pysgota
le ping pong	tennis bwrdd
la planche à voile	bwrddhwylio
la plongée	plymio/deifio
se promener	mynd am dro
le roller	sglefrolio
le skate	sglefrfyrddio
le ski nautique	sgïo dŵr
le vélo	beicio
la voile	hwylio
le VTT	beicio mynydd

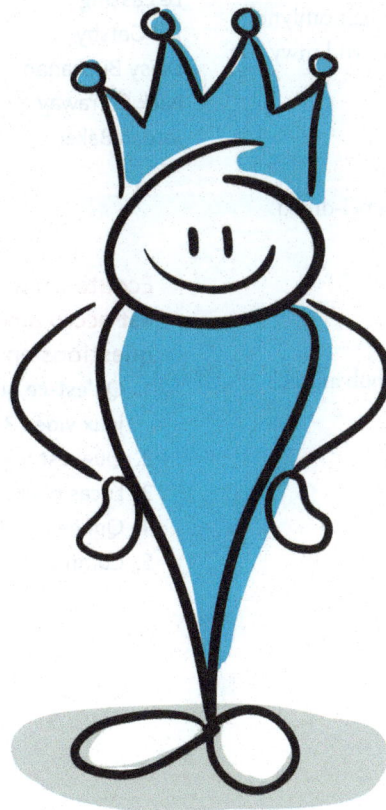

DARLLEN

Darllenwch beth mae'r bobl yn ei ddweud. Beth maen nhw'n ei drafod?

Pierre : Je n'aime pas jouer seul. Je préfère quand je joue avec mes amis. Les compétitions sont les plus excitantes et je m'amuse bien.

Émilie : Pour moi c'est toujours le football. Je suis fan de la FIFA et mes parents m'achètent le jeu chaque année pour mon anniversaire. Puis le reste de l'année ils se plaignent que je passe trop de temps au jeu !

Lila : Je suis accro aux jeux. Je joue souvent avec mes amis. Nous avons tous un casque micro et avec cela on peut discuter en même temps.

Jerôme : Je joue pour me reposer. Je joue souvent avec mes copains en faisant des compétitions. Je joue souvent pendant la nuit quand mes parents pensent que je dors !

Pwy yn eich barn fyddai'n dweud y pethau canlynol? Pierre, Émilie, Lila neu Jerôme? Efallai bydd mwy nag un ateb.

1. Rwy'n chwarae i ymlacio.
2. Rwy'n gaeth i gemau.
3. Rydw i wrth fy modd gyda'r gemau pêl-droed.
4. Rwy'n chwarae gyda fy ffrindiau.
5. Mae fy rhieni yn cwyno arnaf bob amser.
6. Y cystadlu yw'r peth gorau.
7. Mae'n ysgogol.
8. Rwy'n cael un ar fy mhen-blwydd bob amser.
9. Rwy'n ei chwarae'n fyw.
10. Rwy'n ei chwarae yn y nos.

DARLLEN

Darllenwch yr adolygiad ffilm hwn o *The Great Gatsby.* **Crynhowch yn Gymraeg y plot, y cymeriadau sy'n cael eu henwi a'r farn sy'n cael ei mynegi.**

Le synopsis : Printemps 1922. C'est l'époque du jazz et des contrebandiers d'alcool... Apprenti écrivain, Nick Carraway quitte la région du Middle-West pour s'installer à New York. Il voulait vivre le rêve américain, sa vie est entourée d'un mystérieux millionnaire, Jay Gatsby, qui donne de grandes fêtes. Nick se retrouve au cœur du monde fascinant des milliardaires, de leurs illusions et de leurs amours. Il se met à écrire une histoire au sujet des amours impossibles, des rêves et des tragédies. Le film est captivant et romantique. Aujourd'hui l'histoire est un peu comme un miroir qui reflète notre époque moderne.

Le casting

Jay Gatsby	Leonardo DiCaprio
Daisy Buchanan	Carey Mulligan
Nick Carraway	Tobey Maguire
Jordan Baker	Elizabeth Debicki

GWRANDO

Écoute cette interview avec Lucas qui est accro aux jeux vidéo. Réponds aux questions en français.

1. Qu'est-ce que Lucas utilise quand il joue aux jeux vidéo ?
2. Quel est le problème au collège ?
3. Lucas n'a pas assez de temps pour faire quoi ?
4. Qui peut aider Lucas ?
5. Comment peuvent-ils l'aider ?

WSGRIFENNU

Écris au moins une phrase pour chaque sujet.

- Ton passe-temps préféré
- Ton film préféré
- Ta musique préférée
- Ton opinion des jeux vidéo
- Les émissions de télé que tu as vues le weekend dernier

WCHWANEGOL

Donne tes opinions et des raisons pour tes choix.

SIARAD

Llun ar gerdyn

- Décris cette photo/Qu'est-ce qui se passe sur cette photo ?
- Aimes-tu les jeux vidéo ? Pourquoi (pas) ?
- Je pense que les passe-temps sont vraiment importants. Es-tu d'accord ?
- Qu'est-ce que tu as fait pendant ton temps libre la semaine dernière ?
- Comment serait ton weekend idéal ?

Cysyllteiriau

GRAMADEG

Dyma restr o'r cysyllteiriau a ddefnyddir amlaf yn Ffrangeg:

- car – oherwydd
- comme – fel
- depuis (que) – ers (amser)
- donc – felly
- lorsque, quand – pan
- parce que – oherwydd
- puisque – gan, oherwydd
- pendant que – tra
- tandis que – tra

e.e.

- Fais comme tu veux ! Gwna fel rwyt ti eisiau!
- Il a beaucoup joué au football puisqu'il a voulu être footballeur professionnel. Mae ef wedi chwarae llawer o bêl-droed oherwydd ei fod eisiau bod yn bêl-droediwr proffesiynol.

Lis le quiz d'un article du magazine.

1. Tu es au marché. Qu'est-ce que tu achètes ?
   a.   Un tee-shirt avec un message en LED
   b.   Des lunettes drôles
   c.   Un tatouage
   ch. Des ballons
2. Quelle carte postale achètes-tu pour ton ami(e) ?
   a.   Une carte avec un dessin animé
   b.   Une carte avec une vue de la plage
   c.   Une carte d'un monument historique
   ch. Tu n'achètes pas de cartes. Tu envoies des selfies
3. Tu achètes des chaussures. Lesquelles choisis-tu ?
   a.   Une paire de baskets Nike
   b.   Des bottes blanches à la mode
   c.   Des sandales chics
   ch. Des chaussures pour danser
4. Pour la rentrée tu achètes du matériel scolaire. Est-ce que tu...
   a.   l'achètes la veille de la rentrée ?
   b.   planifies en avance ?
   c.   vas au supermarché avec un parent ?
   ch. demandes à tes parents de l'acheter ?

Choisis le bon numéro et la lettre. Quelle réponse choisis-tu si...

1. Tu veux acheter quelque chose pour jouer avec ?
2. Tu aimes les marques ?
3. Tu utilises ton portable ?
4. Tu es organisé(e) ?
5. Tu aimes rigoler ?
6. Tu es paresseux/paresseuse ?
7. Tu veux acheter quelque chose pour l'été ?
8. Tu aimes la culture ?

Darllenwch yr hysbysebion canlynol ar gyfer dau fwyty gwahanol. Cwblhewch y tabl ar gyfer y ddau fwyty yn Gymraeg.

Restaurant Gaudi : Viens au Restaurant Gaudi qui se trouve en face de la gare. C'est le seul restaurant espagnol en ville. Le menu du jour est à vingt-cinq euros, boisson comprise. Le service n'est pas compris. Le plat du jour est l'omelette aux pommes de terre avec salade. Nous sommes ouverts tous les soirs sauf le mardi.

La Strada : Pizzeria italienne authentique avec four à bois. Restaurant de famille avec terrasse. On offre aussi les spaghettis, la viande et le poisson. Le plat du jour est la pizza saumon. Le menu du jour est à trente euros. Viens nous voir au centre ville, près de la Poste. Le service est compris. On offre aux clients qui arrivent avant vingt heures un verre de vin gratuit et pour les petits un jus de fruit. Nous sommes fermés le lundi.

	Restaurant Gaudi	La Strada
Lleoliad		
Cenedligrwydd		
Pryd y dydd		
Diodydd		
Gwasanaeth wedi ei gynnwys?		
Diwrnod ar gau		
Cost bwydlen y dydd		

Cyfieithwch y paragraff canlynol i'r Gymraeg:

Il est difficile quand je sors au restaurant avec mes amis. Je suis végétarienne et je suis allergique aux poissons ! Je n'aime pas les boissons gazeuses. Si je choisis un repas au restaurant, je dois demander toujours les ingrédients. Heureusement que j'adore le chocolat et les fruits, donc les desserts ne posent pas de problèmes pour moi !

Chwarae rôl

- Dywedwch pa fath o gerddoriaeth rydych chi'n ei hoffi
- Gofynnwch i'ch ffrind pa raglenni teledu mae'n eu hoffi
- Dywedwch beth yw eich hoff ffilm a pham
- Gofynnwch i'ch ffrind beth yw ei hobïau
- Dywedwch beth wnaethoch chi yr wythnos diwethaf yn eich amser rhydd
- Dywedwch beth byddech chi'n ei wneud yn ystod eich penwythnos delfrydol

Cyfieithwch y brawddegau hyn i'r Ffrangeg:

1. Rwy'n gwario mwy o arian pan fyddaf yn mynd allan gyda fy ffrind.
2. Yr wythnos nesaf af i i'r sinema gyda fy chwaer.
3. Beth yw dy hoff hobi?
4. Mae gen i alergedd i gaws.
5. Allaf i ddim mynd allan heno oherwydd bod gen i ormod o waith cartref.

Gwrandewch ar y neges llais gan Claire a llenwch y bylchau isod yn Gymraeg.

1. Hoffwn adael _____ i Angie.
2. Mae'r ffilm yn dechrau am _____.
3. Gallwn gwrdd yn y _____.
4. Bydd fy _____ yn mynd â ni adref.
5. Dydy Sylvie ddim yn dod oherwydd does ganddi ddim _____.
6. Dydy Charlotte ddim yn dod oherwydd ei bod yn _____.

Y rhangymeriad presennol

Fel arfer rydych yn ffurfio'r rhangymeriad presennol drwy ychwanegu **-ant** at fôn ffurf amser presennol **nous**.

Presennol 'nous'	Rhangymeriad presennol	Cymraeg
nous allons	allant	gan fynd/wrth fynd/yn mynd
nous regardons	regardant	gan edrych ar/ wrth edrych ar/yn edrych ar
nous disons	disant	gan ddweud/ wrth ddweud/ yn dweud

Mae rhai enghreifftiau afreolaidd hefyd:

Presennol 'nous'	Rhangymeriad presennol	Cymraeg
nous avons	ayant	gan gael/wrth gael/yn cael
nous sommes	étant	gan fod/wrth fod
nous savons	sachant	gan wybod/ wrth wybod/ yn gwybod

Dylai rhangymeriadau presennol gael eu defnyddio yn y ffordd ganlynol, gan ddefnyddio **en** e.e. Il est rentré du match en chantant (Aeth adref o'r gêm gan/dan ganu).

Edrychwch ar dudalen 226 yn y crynodeb gramadeg i gael mwy o wybodaeth.

DARLLEN

Darllenwch y detholiad sydd wedi'i addasu o'r stori fer *Max et Ninon* gan Lilias Nord ac yna atebwch y cwestiynau yn Gymraeg.

Max propose des jeux différents à sa sœur, mais à chaque fois, c'est : non. Jouer à chat : non. À cache – cache : non, non et non.

« Tu préfères jouer aux sept familles ? »

« Pas vraiment. »

« Aux petits chevaux ? »

« Mais non ! »

Max se concentre pour chercher une bonne idée.

« Si tu joues avec moi, je rangerai ta chambre toute la semaine ! »

« Bon, d'accord. Tu as gagné ! »

« Ah non, je crois que j'ai perdu ! »

1. Beth mae Max eisiau i'w chwaer wneud?
2. Pa syniadau mae e'n eu cynnig?
3. Beth mae chwaer Max yn ei feddwl am hyn?
4. Beth mae Max yn dweud y bydd yn ei wneud ar ei rhan?
5. Am faint o amser bydd Max yn gwneud hyn?

SIARAD

Sgwrs

- Qu'est-ce que tu aimes faire quand tu as du temps libre ?
- Quelle est ton émission préférée ?
- Que préfères-tu ? Un bon film ou un bon livre ? Pourquoi ?
- Décris le dernier film que tu as vu.
- Que feras-tu ce weekend ?
- Quelle est l'importance du temps libre ?

DARLLEN

Lis le texte d'un site web au sujet du temps libre. Trouve les cinq phrases vraies.

Comme le lapin dans « Alice au Pays des Merveilles » on court et on court et on pense qu'on n'a jamais assez de temps.

Où sont allées les heures ? Voici quelques statistiques :

Les Français ont quatre heures cinquante-huit minutes de temps libre par jour. Ils passent cinquante pour cent de ce temps libre devant la télé.

Peut-être qu'on n'utilise pas bien notre temps libre.

Voici des histoires typiques :

Je m'appelle Sandrine, j'ai trente-cinq ans et je suis coiffeuse. Je ne suis pas mariée et j'ai deux enfants. Je n'ai jamais de temps libre et je suis toujours fatiguée. Le matin j'aide les enfants à s'habiller, on sort, puis je vais au boulot. Le soir c'est le dîner, le bain et je les couche. Le lendemain, c'est la même chose.

1. On a beaucoup de temps libre.
2. On croit qu'on n'a pas assez de temps libre.
3. 58% des Français passent la moitié de leur temps à regarder une émission.
4. Les Français ont 4h58 pour les loisirs.
5. Sandrine a 36 ans.
6. Sandrine coupe les cheveux au travail.
7. Elle est un peu fatiguée.
8. Le matin elle s'habille avant les enfants.
9. Tous les jours sont les mêmes.
10. Le soir elle met ses enfants au lit.

YCHWANEGOL

Cyfieithwch y pum brawddeg gywir i'r Gymraeg.

Amserau gyda *si*

Gwiriwch y rheol hon am frawddegau estynedig sy'n cynnwys **si**:

- **si** + **amser presennol** (dyfodol) e.e. S'il arrive, je te le dirai (Os bydd yn cyrraedd, dywedaf wrthyt ti)
- **si** + **amser amherffaith** (amodol) e.e. Si nous venions, je te téléphonerais (Pe baen ni'n dod, byddwn i'n dy ffonio di)

GRAMADEG

GWRANDO

Gwrandewch ar yr eitem radio sy'n sôn am fand cerddoriaeth newydd. Atebwch y cwestiynau yn Gymraeg.

1. Beth yw TICTAC?
2. Ar gyfartaledd, beth yw eu hoedran?
3. Pryd maen nhw'n cwrdd?
4. Beth byddan nhw'n ei wneud eleni yn Llydaw?
5. Sawl bachgen sydd?
6. Beth maen nhw'n mynd i'w wneud yr wythnos nesaf?

Écris un mail à ton ami(e) au sujet de tes passe-temps. Inclus les points suivants.

- Tes passe-temps
- Tes activités de la semaine dernière
- Ce que tu vas faire le weekend prochain
- Tes opinions sur tes passe-temps

YSGRIFENNU

acheter	prynu
adorer	caru, dwlu ar, dotio ar
aimer	hoffi
aller	mynd
avoir lieu	digwydd
chanter	canu
collectionner	casglu
commencer	dechrau
coûter	costio
dépenser	gwario
détester	casáu
dire	dweud
écouter	gwrando ar
entendre	clywed
faire des courses	mynd i siopa
faire partie d'une équipe	bod yn aelod o dîm
faire une promenade	mynd am dro
gagner	ennill
lire	darllen
penser	meddwl
pratiquer	ymarfer, gwneud
regarder	gwylio
rencontrer	cwrdd
s'amuser	(eich) mwynhau eich hun
s'ennuyer	diflasu
s'entraîner	hyfforddi
sortir	mynd allan
vendre	gwerthu

la causerie	sioe sgwrsio
une chaîne	sianel
un dessin animé	cartŵn
un documentaire	rhaglen ddogfen
un écran	sgrin
une émission	rhaglen
une émission de sport	rhaglen chwaraeon
un feuilleton	opera sebon, cyfres
un film d'amour	ffilm ramantus
un film de guerre	ffilm ryfel
un film d'épouvante	ffilm arswyd
un film policier	ffilm dditectif
le cinéma	y sinema
les infos/les actualités/le journal	y newyddion
un jeu télévisé	sioe gemau
la météo	y tywydd
le petit écran	y teledu (y sgrin fach)
un policier	stori/ffilm dditectif
une publicité	hysbyseb
une série médicale	cyfres feddygol
une série policière	cyfres dditectif
sous-titré(e)	gydag is-deitlau
la télé-réalité	teledu realiti
un téléviseur	teledu, set deledu
le temps libre	amser rhydd

un acteur	actor
une actrice	actores
un appareil-photo	camera
l'argent	arian
l'argent de poche	arian poced
l'aventure	antur
un baladeur	chwaraewr cerddoriaeth
une bande dessinée	stribed comig
une boum	parti
un cadeau	anrheg
un centre commercial	canolfan siopa
une chanson	cân

un chanteur/une chanteuse	canwr/cantores
un club de jeunes	clwb ieuenctid
le divertissement	adloniant
les échecs	gwyddbwyll
hebdomadaire	wythnosol
un jeu	sioe gwis, gêm
un jeu de société	gêm fwrdd
un jeu vidéo	gêm fideo
un journal	papur newydd
un livre	llyfr
mensuel(le)	misol
un ordinateur	cyfrifiadur
une pièce	drama
un portable	ffôn symudol
quotidien(ne)	dyddiol
un roman	nofel
un timbre	stamp
une vedette	seren
un vendeur/une vendeuse	gwerthwr/gwerthwraig

4A IECHYD A FFITRWYDD

4B ADLONIANT A HAMDDEN

GRAMADEG YN EI GYD-DESTUN

GRAMADEG

1. ANSODDEIRIAU DANGOSOL

Ysgrifennwch y Ffrangeg am:

1. Y gamp hon
2. Y merched hynny
3. Y person hwnnw
4. Y dynion hyn

Rydym yn cyfieithu 'ce/cet/cette/ces' i'r Gymraeg fel 'hwn/hon/hwnnw/honno/hyn/hynny'.

2. AMSER PRESENNOL BERFAU ATBLYGOL

Rhowch y brawddegau hyn yn yr amser presennol yn Ffrangeg.

1. Vous (**se coucher**)
2. Nous (**se lever**)
3. Je (**s'habiller**)
4. Ils (**se laver**)

Cofiwch y bydd angen rhagenw atblygol ar ferfau atblygol.

3. RHAGENWAU PERTHYNOL

Cwblhewch y frawddeg gyda **qui**, **que** neu **qu'**.

1. J'ai acheté une montre _____ ne marche pas.
2. Voici les chocolats _____ vous n'aimez pas.
3. Voici le document _____ vous avez voulu.
4. C'est le train _____ il a raté.
5. Dis-moi ce _____ je peux faire.

qui – sydd, sydd ddim, nad yw (goddrych)

que – y, yr, nad (gwrthrych)

ce qui – yr hwn/hon (goddrych)

ce que – beth (gwrthrych)

4. CYSYLLTEIRIAU

Ysgrifennwch frawddeg gan ddefnyddio pob un o'r cysyllteiriau canlynol:

- car
- parce que
- tandis que

Cofiwch ddefnyddio cysyllteiriau i uno brawddegau â'i gilydd – edrychwch ar dudalen 218.

5. Y RHANGYMERIAD PRESENNOL

Cyfieithwch y brawddegau canlynol i'r Ffrangeg.

1. Aeth hi adref yn crio.
2. Roedden nhw'n sgwrsio tra oedden nhw'n gwylio'r teledu.
3. Gan weiddi, galwodd hi am ei thad.
4. Gwelodd ef ei ffrindiau wrth iddo orffen y gêm.

Fel arfer rydych yn ffurfio'r rhangymeriad presennol drwy ychwanegu **-ant** at fôn ffurf amser presennol **nous**.

6. AMSERAU GYDA *SI*

Cyfieithwch y brawddegau canlynol i'r Gymraeg.

1. Si je pouvais lui parler, je pourrais l'accompagner.
2. Si je venais, je pourrais t'aider.

Ysgrifennwch dair brawddeg *si* arall.

Edrychwch ar dudalen 230 i adolygu brawddegau **si** sy'n defnyddio'r amser presennol a'r amherffaith.

THEMA: CYMRU A'R BYD – MEYSYDD O DDIDDORDEB

UNED 2

Y BYD EHANGACH

DARLLEN

Lis l'article au sujet de l'île Maurice et réponds aux questions en français.

L'île Maurice est située dans le sud-ouest de l'océan indien. Elle a 1,2 million d'habitants. Les habitants parlent le créole, le français et l'anglais. L'île est d'origine volcanique et est une destination touristique avec de beaux paysages et de belles plages. Les agriculteurs cultivent la canne à sucre et le thé. Il fait beau toute l'année. De juin à septembre il fait vingt-cinq °C. Entre janvier et mars, il y a de fortes pluies et une température entre vingt-cinq à trente °C. De temps en temps il y a des orages.

1. Où se trouve l'île Maurice ?
2. Combien de langues y parle-t-on ?
3. Décris l'île Maurice.
4. Quels sont les produits principaux de l'île ?
5. Quelle température fait-il en juillet ?
6. Comment est le climat en février ?

SIARAD

Sgwrs
- Où passes-tu tes vacances normalement ?
- Quel type d'hébergement aimes-tu pendant les vacances ?
- Qu'est-ce que les touristes peuvent visiter en France ou dans un pays francophone ?
- Qu'est-ce que tu as fait pendant les vacances l'année dernière ?
- Comment serait ta destination idéale ?
- Qu'aimerais-tu visiter en France ? Pourquoi ?

DARLLEN

Darllenwch y testun canlynol am Quebec. Yna penderfynwch pa bump o'r gosodiadau sy'n gywir.

Le Québec se trouve au Canada, au nord des États-Unis. Il y a environ huit millions d'habitants et la langue officielle est le français. C'est une région riche en minéraux métalliques tels que l'or.

Le tourisme est très important pour la région et il y a beaucoup à voir si on aime la culture et l'histoire. La vie naturelle attire la plupart des visiteurs, telles que l'eau et les montagnes.

Le Québec accueille beaucoup de compétitions sportives et de festivals. La région est célèbre aussi pour la musique et les chanteurs tels que Céline Dion. Le monde du film est important aussi. L'architecture est intéressante et les maisons sont protégées contre le vent et le froid.

1. Mae Quebec yng Ngogledd America.
2. Mae 8 miliwn o drigolion yno.
3. Mae Ffrangeg yn cael ei siarad yn Quebec.
4. Dydy twristiaeth ddim yn bwysig iawn yn y rhanbarth.
5. Mae ymwelwyr yn hoffi mynd yno i gael gwersi hanes.
6. Mae ymwelwyr yn hoffi mynd i'r mynyddoedd.
7. Mae Quebec yn enwog am gerddoriaeth, gwyliau a chwaraeon.
8. Mae Quebec yn enwog am ei sêr teledu.
9. Mae'r tai yn cael eu hadeiladu i wrthsefyll y glaw.
10. Mae'r tai yn cael ei hamddiffyn rhag y gwynt a'r oerfel.

YCHWANEGOL

Allwch chi ddod o hyd i'r Ffrangeg am y rhain?

1. wedi ei leoli
2. tua
3. llawer i'w weld
4. yn denu
5. yn croesawu
6. y byd
7. rhag/yn erbyn

GWRANDO

Gwrandewch ar y wybodaeth hon o Radio Auray. Cwblhewch y grid yn Gymraeg.

	Quiberon	Locmariaquer	Saint-Anne-d'Auray	Erdeven
Math o wibdaith				
Pryd?				
Cost?				
Ar gyfer pwy?				

GRAMADEG

Berfau tywydd

Dyma'r prif ferfau sy'n cael eu denfyddio i ddisgrifio'r tywydd. Yn Ffrangeg, mae **il** yn cael ei ddefnyddio i ddisgrifio'r tywydd e.e. il pleut, il neige.

- geler – rhewi
- neiger – bwrw eira
- pleuvoir – bwrw glaw
- tonner – taranu

Ar wahân i **pleuvoir**, mae'r holl ferfau hyn yn rheolaidd yn yr amserau rydym wedi eu gweld hyd yma – y presennol, y dyfodol agos, y dyfodol, y perffaith, yr amherffaith a'r amodol.

Dyma **pleuvoir** yn yr holl amserau uchod gydag **il**.

Presennol	Il pleut	Mae hi'n bwrw glaw
Y Dyfodol Agos	Il va pleuvoir	Mae hi'n mynd i fwrw glaw
Dyfodol	Il pleuvra	Bydd hi'n bwrw glaw
Perffaith	Il a plu	Mae hi wedi bwrw glaw
Amherffaith	Il pleuvait	Roedd hi'n bwrw glaw
Amodol	Il pleuvrait	Byddai hi'n bwrw glaw

Mae **faire** gydag ansoddair hefyd yn cael ei ddefnyddio'n aml i ddisgrifio'r tywydd. Yn yr achos hwn, dilynwch y patrymau arferol ar gyfer **faire** ym mhob amser e.e.

- Il fait chaud – Mae hi'n boeth
- Il a fait beau – Mae hi wedi bod yn braf
- Il faisait froid – Roedd hi'n oer

YSGRIFENNU

Écris un paragraphe au sujet d'un pays que tu as visité. Inclus les détails suivants :

- Le climat
- Le paysage
- Les monuments et les attractions touristiques
- Tes opinions

5A NODWEDDION LLEOL A RHANBARTHOL FFRAINC A GWLEDYDD FFRANGEG EU HIAITH (2)

DARLLEN

Darllenwch y wybodaeth am bedwar o'r ugain atyniad i dwristiaid mwyaf poblogaidd yn Ffrainc. Atebwch y cwestiynau yn Gymraeg.

Disneyland Paris est situé aux alentours de Paris. Il est la première destination touristique de la France. Le parc à thème est super pour les petits et les grands. Il est ouvert toute l'année. Les horaires d'ouverture varient selon la saison.

Le neuvième site touristique de la France est le **Parc Futuroscope** à Poitiers. C'est un parc à thème basé sur les multimédias et le cinéma. Si on réserve par téléphone et qu'on est une famille nombreuse, un visiteur handicapé ou un étudiant, on peut avoir une réduction de quinze pour cent.

L'Abbaye de Mont-Saint-Michel se trouve à la dix-septième place des attractions touristiques de la France. Elle est située sur un rocher dans la baie. L'église est à cent soixante-dix mètres au-dessus de la mer. On conseille une visite guidée.

En dix-neuvième place se trouve **le Château et musée des ducs de Bretagne**. Il est le plus ancien monument historique de Nantes. Construit par François II, le dernier duc de Bretagne, pour sa fille Anne. Le château est ouvert sept jours sur sept de dix heures à dix-neuf heures.

Pa atyniad …

1. sy'n cynnig disgownt?
2. sydd ar agor drwy gydol y flwyddyn?
3. gafodd ei adeiladu ar gyfer aelod o'r teulu?
4. sy'n cau am 7 p.m.?
5. sy'n cynnig teithiau tywys?
6. sydd ag oriau agor tymhorol gwahanol?
7. yw'r nawfed atyniad i dwristiaid mwyaf poblogaidd yn Ffrainc?
8. yw'r 17eg atyniad i dwristiaid mwyaf poblogaidd yn Ffrainc?

YCHWANEGOL

Ysgrifennwch ddisgrifiad byr yn Ffrangeg o atyniad i dwristiaid arall.

SIARAD

Llun ar gerdyn

- Décris cette photo/Qu'est-ce qui se passe sur cette photo ?
- Est-ce que tu aimes visiter les monuments historiques pendant tes vacances ? Pourquoi (pas) ?
- Il est important d'apprendre l'histoire d'une région quand on est en vacances. Es-tu d'accord ? Pourquoi (pas) ?
- Quels sites touristiques visiteras-tu l'année prochaine ?
- Penses-tu que les villes comme Paris soient plus populaires que les plages en France ? Pourquoi (pas) ?

SIARAD

Écris un article au sujet d'une destination que tu voudrais visiter. Inclus les détails suivants :
- Où tu veux aller et pourquoi
- Les monuments touristiques que tu veux visiter
- Les activités que tu feras

DARLLEN

Darllenwch y testun isod sydd wedi'i addasu o *Eugénie Grandet* gan Honoré de Balzac. Atebwch y cwestiynau yn Gymraeg.

La première maison située à Saumur se trouve au bout de la Rue Montueuse et près du château. La rue n'était pas très fréquentée. La rue était chaude en été et froide en hiver. La ville était toujours propre et sèche. La plupart des maisons se trouvaient dans la vieille ville. Les maisons étaient solides et construites en bois. Il est difficile de passer devant ces maisons sans admirer les figures bizarres aux murs.

1. Rhowch **ddau** fanylyn am leoliad y tŷ cyntaf yn nhref Saumur.
2. Rhowch **ddau** fanylyn am y stryd.
3. Rhowch **ddau** fanylyn am y dref.
4. Ble roedd y rhan fwyaf o'r tai?
5. Pa fath o dai oedden nhw?
6. Beth oedd ymateb arferol pobl i'r tai hyn?

GRAMADEG

Berfau a ddilynir gan arddodiaid

Gall berfenw ddilyn berf yn aml yn Ffrangeg e.e.

- Je sais nager – Rwy'n gallu nofio
- Tu veux venir ? – Wyt ti eisiau dod?

Mae angen arddodiad ar lawer ohonynt o flaen y berfenw sy'n dilyn e.e. J'ai commencé à jouer au badminton – Rydw i wedi dechrau chwarae badminton. Dyma rai o'r rhai mwyaf cyffredin:

- aider à – helpu i
- apprendre à – dysgu sut i
- commencer à – dechrau
- continuer à – parhau i
- décider à – penderfynu gwneud rhywbeth
- inviter à – gwahodd i
- ressembler à – bod yn debyg i
- réussir à – llwyddo i
- s'arrêter de – peidio â (gwneud)
- avoir l'intention de – bwriadu
- avoir peur de – ofni (gwneud)
- avoir besoin de – bod ag angen

Edrychwch ar dudalen 218 yn y crynodeb gramadeg am fwy o enghreifftiau.

GWRANDO

Écoute ce reportage au sujet de la ville de Strasbourg. Choisis la bonne réponse.

1. Combien de temps est recommandé pour la visite de Strasbourg ?
   a. un mois
   b. une semaine
   c. un weekend
2. Avec qui faut-il y aller ?
   a. la famille
   b. les amis
   c. un groupe scolaire
3. Qu'est-ce qu'on peut visiter à Noël ?
   a. marché
   b. musée
   c. montagne
4. Qu'est-ce qu'il y a au centre-ville ?
   a. restaurants
   b. église
   c. cinéma
5. La ville est comment le soir ?
   a. tranquille
   b. animée
   c. calme
6. Combien de musées sont recommandés ?
   a. un
   b. deux
   c. trois
7. Qu'est-ce qu'il y a aux deux Rives ?
   a. musée
   b. cathédrale
   c. jardin
8. Quel autre pays est-ce qu'on peut visiter ?
   a. Autriche
   b. Australie
   c. Allemagne

DARLLEN

Cyfieithwch y brawddegau canlynol i'r Gymraeg:

Disneyland Paris a des statistiques intéressantes.

1. Les touristes mangent plus de quatre million d'hamburgers chaque année.
2. Le plus vieux touriste avait cent six ans.
3. Il y a plus de cent cinquante chefs.
4. On peut manger dans soixante-huit restaurants différents.
5. Cinq cent mille fleurs sont plantées chaque an.

DARLLEN

Darllenwch y wybodaeth hon am dref Calvi yn Corsica. Atebwch y cwestiynau yn Gymraeg.

Calvi est situé au nord-ouest de l'île de Corse et se trouve entre la mer et la montagne. Les hivers sont doux et humides. En été il fait chaud et sec.

La citadelle de Calvi est une petite ville entre le passé et la modernité. Le nom Calvi est d'origine latine.

À Calvi il y a un ancien château médiéval. On peut y visiter deux belles églises et une cathédrale.

Cette ville est une station importante de tourisme et on peut arriver en bateau, en train ou en avion. Attention les avions sont petits !

Un résident célèbre qui est né à Calvi en mille quatre cent trente-six était Christophe Colomb.

1. Ym mha ran o'r ynys mae Calvi?
2. Rhowch **ddau** fanylyn am ei lleoliad.
3. Sut mae'r tywydd yn yr haf?
4. Pa fath o dref yw Calvi?
5. Â pha leoedd gall twristiaid ymweld?
6. Sut gallwch chi deithio i Calvi?
7. Pryd cafodd Christopher Columbus ei eni yn Calvi?

GWRANDO

Gwrandewch ar y cyhoeddiad ar gyfer Le Stade de France. Atebwch y cwestiynau yn Gymraeg.

1. Pa **ddau** ddigwyddiad gallwch chi eu gweld yn y stadiwm?
2. Pa mor hir mae taith yn para?
3. Pryd mae'r daith olaf?
4. Pa ieithoedd sy'n cael eu defnyddio yn ystod y daith?
5. Ar ba ddiwrnod mae'r stadiwm ar gau?
6. Beth sy'n digwydd i'r stadiwm dros yr haf?
7. A fydd hyn yn effeithio ar yr amgueddfa?

DARLLEN

Lis le dépliant sur le Château de Vayres. Trouve les cinq phrases vraies.

Le Château de Vayres, un des plus beaux monuments d'Aquitaine, se trouve entre Bordeaux et Saint-Émilion.

C'était un des châteaux du roi Henri IV. Il y a une dizaine de salles à visiter y compris le salon d' Henri IV. Les jardins sont spectaculaires et au centre on peut descendre le grand escalier jusqu'à la rivière.

Voici notre liste d'animations pour l'été :

- Vendredi dix-neuf juin sera le grand pique-nique. Il faut arriver à midi. Visite gratuite pour enfants et 5 € pour adulte.
- Le samedi vingt-cinq et dimanche vingt-six juillet venez visiter notre spectacle du Moyen Age. Il y aura des duels d'escrime, des chevaux à monter et un spectacle nocturne avec des feux d'artifices. Il y aura une visite par un mystérieux personnage ! Prix 15 €.
- Mardi quatre août, bal et spectacle nocturne. La réservation est obligatoire pour qu'on puisse commander le menu avec notre chef célèbre. Prix 22 €.

1. Le château est au centre de Bordeaux.
2. Henri IV habite aujourd'hui dans le château.
3. Henri IV y a habité il y a longtemps.
4. Il y a environ dix salles à visiter.
5. Il y a environ douze salles à visiter.
6. Les enfants doivent payer le repas pique-nique.
7. Il y aura un spectacle du Moyen Age un weekend en juillet.
8. Le 4 août on peut danser pendant la nuit.
9. On doit choisir le menu en avance pour le bal.
10. On ne peut pas faire de l'équitation en juillet.

YCHWANEGOL

Cyfieithwch y brawddegau sy'n wir i'r Gymraeg.

SIARAD

Chwarae rôl

- Dywedwch ble rydych chi'n mynd ar wyliau fel arfer
- Dywedwch i ble yn Ffrainc byddech chi'n hoffi mynd a pham
- Disgrifiwch atyniad i dwristiaid y buoch i'w weld ar wyliau
- Gofynnwch gwestiwn i'ch ffrind am atyniad i dwristiaid yn ei ardal ef/ei hardal hi
- Gofynnwch am wybodaeth am atyniad i dwristiaid mewn canolfan groeso
- Dywedwch pa fath o hen adeiladau rydych fel arfer yn hoffi ymweld â nhw ar wyliau

YSGRIFENNU

Cyfieithwch y brawddegau canlynol i'r Ffrangeg:

Mae'r castell, a gafodd ei adeiladu yn 1325, yn gyrchfan boblogaidd iawn i dwristiaid. Mae ar agor bob dydd heblaw am ddydd Mawrth. Es i i'r amgueddfa ddoe ac roedd yn ddiddorol iawn. Yfory rwy'n mynd i siopa.

Y modd dibynnol

GRAMADEG

Dim ond ar Haen Uwch TGAU y bydd angen i chi adnabod hwn. Dyma sut mae'n cael ei ffurfio.

Defnyddiwch y trydydd person lluosog o'r amser presennol e.e.

Y trydydd person lluosog presennol	Y modd dibynnol ar gyfer y person cyntaf unigol
Ils donnent	Je donne
Ils finissent	Je finisse
Ils vendent	Je vende

Y terfyniadau ar gyfer y modd dibynnol yw **-e, -es, -e, -ions, -iez, -ent**.

Edrychwch ar dudalen 231 yn y crynodeb gramadeg am fwy o wybodaeth.

5A NODWEDDION LLEOL A RHANBARTHOL FFRAINC A GWLEDYDD FFRANGEG EU HIAITH: RHESTR EIRFA

à l'intérieur	y tu mewn
au bord de la mer	ar lan y môr
ancien(ne)	hen
animé(e)	bywiog
un arbre	coeden
un bois	coedwig, pren
bruit	sŵn
bruyant(e)	swnllyd
calme	tawel
la campagne	cefn gwlad
la chaîne de montagnes	cadwyn o fynyddoedd
un champ	cae
chauffé(e)	wedi'i gynhesu/wedi'i chynhesu
un chemin	llwybr
une colline	bryn
une commune	cymuned
construit(e)	wedi'i adeiladu/wedi'i hadeiladu
dedans	y tu mewn
dehors	y tu allan
un endroit	lle/ardal
l'est	y dwyrain
une falaise	clogwyn
fermé(e)	ar gau
une fleur	blodyn
un fleuve	afon
une forêt	coedwig
l'herbe	gwair
une île	ynys

un lac	llyn
le littoral	glan y môr
lointain(e)	pell
une maison de campagne	tŷ yn y wlad
une maison secondaire	tŷ haf
la mer	y môr
la montagne/montagneuse	y mynyddoedd
montagneux	mynyddig
le nord	y gogledd
nouveau/nouvelle	newydd
l'ouest	y gorllewin
ouvert(e)	ar agor
le paysage	tirwedd
pittoresque	tlws, deniadol
la plage	y traeth
pollué(e)	llygredig
près de	yn agos i
un ruisseau	nant
le sud	y de
la terre	tir, daear
tranquille	heddychlon
vaut la peine de voir	gwerth ei weld
vieux/vieille	hen
vivant(e)	bywiog

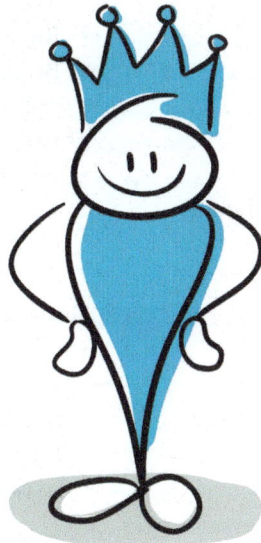

DARLLEN

Lis les informations des hôtels.

Hôtel A

Hôtel Chamonix

12 chambres avec salle de bains

Petit restaurant

Piscine et sauna

Wifi payant

Hôtel B

Hôtel Bouvery

14 chambres avec douche

Vue de la baie

Bar terrasse et restaurant

Jardins et terrain de mini golf (dehors)

Parking privé

Hôtel C

Hôtel de Lille

60 chambres avec douche

Restaurant et bar

Centre-ville

Parking souterrain gratuit

Wifi gratuit

Hôtel Ch

Hôtel de la montagne

10 chambres avec salle de bains

Vue de la montagne

Restaurant, bar

Wifi payant

Parking devant l'hôtel

Choisis l'hôtel où on peut…

1. Voir le paysage
2. Jouer dehors
3. Nager et se relaxer
4. Trouver un parking non payant
5. Voir la plage
6. Avoir accès à l'internet sans payer

SIARAD

Chwarae rôl

- Dywedwch ble aethoch chi ar wyliau llynedd
- Dywedwch ble rydych chi'n aros fel arfer ar wyliau
- Rhowch un o fanteision twristiaeth
- Beth mae eich ffrind yn hoffi ei wneud ar wyliau? Gofynnwch iddo/iddi.
- Gofynnwch pa mor bell i ffwrdd mae'r traeth
- Disgrifiwch eich gwyliau delfrydol

GWRANDO

Gwrandewch ar Simon ac Alexandre yn siarad am eu gwyliau. Atebwch y cwestiynau yn Gymraeg.

1. Pryd aeth Simon ar ei wyliau?
2. Gyda phwy arhosodd Simon?
3. Pa weithgareddau wnaeth e?
4. Sut dywydd oedd hi?
5. Beth oedd barn Alexandre am ei wyliau a pham?
6. Beth yw ei farn am Barcelona?
7. Sut roedd y tywydd?

YSGRIFENNU

Écris au moins une phrase avec les points suivants au sujet de tes vacances de l'année dernière :

- Le transport
- L'hébergement
- Le climat
- Les repas
- Les activités
- Tes opinions

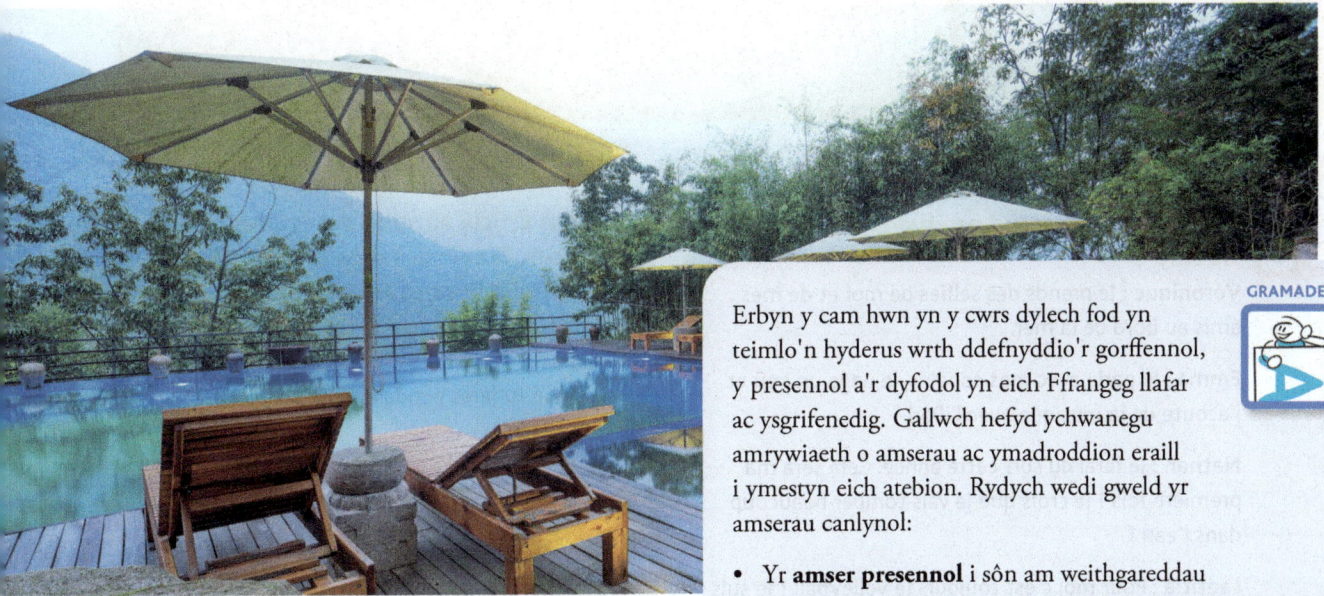

GRAMADEG

Erbyn y cam hwn yn y cwrs dylech fod yn teimlo'n hyderus wrth ddefnyddio'r gorffennol, y presennol a'r dyfodol yn eich Ffrangeg llafar ac ysgrifenedig. Gallwch hefyd ychwanegu amrywiaeth o amserau ac ymadroddion eraill i ymestyn eich atebion. Rydych wedi gweld yr amserau canlynol:

- Yr **amser presennol** i sôn am weithgareddau rydych yn eu gwneud yn rheolaidd e.e. Je vais à la plage.
- Yr **amser amherffaith** am bethau oedd yn arfer digwydd yn rheolaidd yn y gorffennol e.e. Il pleuvait toute la journée.
- Yr **amser perffaith** i ddweud beth rydych wedi ei wneud e.e. Nous sommes allés à Barcelone.
- Y **dyfodol agos** i ddweud beth rydych yn mynd i'w wneud e.e. Ce soir je vais jouer au tennis.
- Yr **amser dyfodol** i ddweud beth byddwch yn ei wneud e.e. J'irai en Italie.
- Yr **amser amodol** i ddweud beth byddech chi'n ei wneud e.e. J'aimerais visiter la montagne.

Nid oes rhaid i chi ddefnyddio *pob un* o'r amserau hyn bob amser, ond rhaid i chi allu eu hadnabod oherwydd byddan nhw'n ymddangos mewn ymarferion gwrando a darllen ac mae'n rhaid i chi gyfeirio at ddigwyddiadau yn y gorffennol, y presennol a'r dyfodol yn eich arholiadau siarad ac ysgrifennu.

DARLLEN

Darllenwch yr adroddiadau TripAdvisor gan ymwelwyr o Ffrainc ei hun â'r Hôtel Sofitel, Paris. Cwblhewch y grid yn Gymraeg.

Avis 1: Avis écrit le 12 janvier
« Nous avons passé trois nuits en famille. Service exceptionnel. Chambres de grand luxe. Hôtel tranquille et bien placé pour nos sorties en ville. »

Avis 2: écrit le 20 mai
« Une semaine agréable. Chambre impeccable et ambiance chic. Personnel accueillant. »

Avis 3: écrit le 3 janvier
« Un établissement de haute qualité. Service exceptionnel avec restaurant incroyable ! Il faut essayer le saumon et prendre au dessert le mousse au chocolat au restaurant ! »

Avis 4: visité en novembre
« Malheureusement à cause du bruit de quelques clients le soir, une mauvaise nuit sans dormir ! Heureusement le petit déjeuner est servi de six heures, dans une ambiance tranquille ! »

	Adolygiad 1	Adolygiad 2	Adolygiad 3	Adolygiad 4
Dyddiad yr adolygiad				
Barn				
Gwybodaeth				

DARLLEN

Darllenwch y testun isod. Beth mae'r bobl ifanc hyn yn ei wneud pan fyddant yn mynd i'r traeth?

Véronique : Je prends des selfies de moi et de mes amis au bord de la mer.

Emma : Je parle avec mes copains, je nage un peu et j'écoute de la musique avec l'iPod.

Nathan : Je ferai du surf cette année. Cela sera ma première fois ! Je crois que je vais tomber beaucoup dans l'eau !

Laetitia : Pour moi c'est toujours le volleyball ! Je suis très sportive et je n'aime pas prendre de bains de soleil à la plage.

Carl : J'adore nager, je suis dans l'eau tout le temps ! Quelquefois je joue au badminton.

Mathieu : Je me cache en-dessous de ma serviette et je dors !

Pwy sydd ... (efallai bydd mwy nag un ateb)

1. yn nofio?
2. yn gwneud chwaraeon eraill?
3. yn tynnu lluniau o'u ffrindiau?
4. yn cysgu?
5. ddim yn hoffi torheulo?
6. yn meddwl eu bod yn mynd i gwympo i'r dŵr?
7. yn sgwrsio â'u ffrindiau?

GWRANDO

Gwrandewch ar fanylion y gystadleuaeth radio. Cwblhewch y manylion yn Gymraeg.

Gwobr:
Manylion y wobr:
Prydau bwyd:
Teithio:
Sut i roi cynnig:
Dyddiad cau:

YSGRIFENNU

Écris un article au sujet des jeunes et les vacances. Donne des détails et justifie tes opinions. Écris au sujet des points suivants :

* L'importance des vacances
* Les aspects positifs du tourisme
* Ce que tu feras pendant les prochaines vacances

Sgwrs

* Quelles sortes de vacances préfères-tu ? Pourquoi ?
* Que fais-tu normalement pendant tes vacances ? Pourquoi ?
* Où es-tu allé(e) pour tes vacances l'année dernière ?
* Comment seraient tes vacances idéales ?
* Penses-tu que les vacances soient importantes ? Pourquoi (pas) ?
* Quels sont les aspects négatifs du tourisme ?

SIARAD

Amser gorberffaith

GRAMADEG

Mae'r amser gorberffaith yn cael ei ffurfio gan ddefnyddio amherffaith y berfau avoir/être gyda'r rhangymeriad gorffennol. Mae'r berfau sy'n defnyddio **avoir/être** yr un peth ag yn yr amser perffaith e.e. J'étais allé(e) (Roeddwn wedi mynd), Il avait mangé (Roedd ef wedi bwyta).

Edrychwch ar dudalen 230 yn y crynodeb gramadeg i gael mwy o wybodaeth.

DARLLEN

Lis ce mail à un hôtel. Trouve les bonnes réponses.

Monsieur,

Ma famille et moi avons l'intention de passer des vacances à Bordeaux entre le premier et le seize août. Je voudrais réserver des chambres en ligne mais il y a un problème avec le site, donc j'envoie un mail.

Il y aura cinq personnes et nous voudrions réserver deux chambres avec salle de bain. Nous voudrions une chambre pour deux personnes et une chambre pour trois personnes avec des lits individuels.

Pourriez-vous nous donner aussi des informations sur les heures d'ouverture du restaurant ? Et est-ce que la piscine est couverte ?

Je crois que vous offrez une réduction de dix pour cent pour les réservations en ligne. Nous cherchons cette réduction parce que le site ne marche pas.

Merci d'avance.

M. Dubois Jean.

1. La famille sera en vacances...
   a. 6 juillet
   b. 16 juillet
   c. 1er août
2. Combien de chambres voudrait la famille ?
   a. deux
   b. trois
   c. cinq
3. La famille voudrait des chambres avec... ?

   a.

   b.

   c.

4. Jean pose des questions au sujet de... ?

   a.

   b.

   c.

5. Le prix peut être réduit de... ?
   a. 5%
   b. 10%
   c. 15%

DARLLEN

Cyfieithwch y paragraff canlynol i'r Gymraeg:

L'année dernière je suis allée en vacances avec mes amis. Nous sommes restés avec ma correspondante, Annaëlle, qui habite à Toulouse. Nous lui avons rendu visite en mai. Il faisait très chaud. Nous avons beaucoup aimé la ville. Sa famille était très sympa et je voudrais y retourner un jour.

DARLLEN

Darllenwch yr erthygl papur newydd am ymwelwyr â thref Vannes. Atebwch y cwestiynau yn Gymraeg.

Cette année l'office de tourisme de Vannes a accueilli 1,5% de visiteurs en plus que l'an passé. Cette vieille ville en Bretagne a attiré 57,000 visiteurs en juillet seulement!

Il a fait très beau cet été et la Bretagne a vu une augmentation de réservations dans tous les hébergements des campings et des hôtels. Avec le beau temps la saison des vacances a commencé tôt. Alors le tourisme est bon pour l'économie de la région.

Seul problème : avec beaucoup de touristes dans la région il y a des problèmes de parkings et sur les routes on a plus d'embouteillages !

1. Beth ddigwyddodd eleni yn Vannes?
2. Ym mha fis gwnaeth 57,000 o dwristiaid ymweld â Vannes?
3. Sut roedd y tywydd?
4. Ble bu cynnydd yn y nifer o bobl yn bwcio llety?
5. Beth gychwynnodd yn gynnar?
6. Beth sydd wedi elwa?
7. Pa broblemau sydd? Rhowch **ddau** fanylyn.

DARLLEN

Darllenwch y detholiad o'r llyfr *Vendredi ou la vie sauvage* gan Michel Tournier. Atebwch y cwestiynau yn Gymraeg.

À la fin de l'après-midi du 29 septembre 1759, le ciel devenait noir. Nous avons été à six cents kilomètres environ au large des côtes du Chili. L'équipage de *La Virginie* s'est rassemblé sur le pont pour voir les feux de Saint-Elme – un violent orage.

La Virginie était un bateau rond, lourd et peu rapide avec une stabilité extraordinaire par mauvais temps.

1. Pa adeg o'r dydd yw hi yn y llyfr?
2. Beth sy'n cael ei ddweud am yr awyr?
3. Pa mor bell roedden nhw o arfordir Chile?
4. Pa fath o dywydd gafodd y criw?
5. Disgrifiwch y cwch. Rhowch **ddau** fanylyn.

SIARAD

Llun ar gerdyn

- Décris cette photo/Qu'est-ce qui se passe sur cette photo?
- Est-ce que tu aimes les vacances au bord de la mer ? Pourquoi (pas) ?
- La plupart des touristes n'aiment pas la culture. Es-tu d'accord ? Pourquoi (pas) ?
- Quel pays aimerais-tu visiter à l'avenir ?
- Quelle est l'importance du tourisme ?

GWRANDO

Réponds aux questions en français.

1. Quel âge doit-on avoir pour aller en colo ?
2. Combien d'enfants restent à la colo par semaine ?
3. Quelles activités y a-t-il ? Nommez-en **trois**.
4. Quel jour est-ce qu'on fait la fête ?
5. Qui conduit les enfants en colo ?
6. Ça coûte combien pour rester en colo ?
7. Nommez un site populaire de la colo.

E-byst ffurfiol

Mae anfon e-bost ffurfiol yn Ffrangeg yn debyg i anfon llythyr ffurfiol. Dechreuwch gyda rhywbeth syml fel Bonjour Monsieur neu Monsieur yn unig hyd yn oed.

Gorffennwch yn gwrtais gyda brawddeg fel: En vous remerciant de votre aide Monsieur, je vous prie d'agréer l'expression de mes sentiments distingués.

Yn olaf, mewn e-bost ffurfiol cofiwch ddefnyddio vous.

YSGRIFENNU

Cyfieithwch y brawddegau canlynol i'r Ffrangeg:

1. Mae'r rhan fwyaf o dwristiaid yn aros mewn gwersylloedd ar eu gwyliau.
2. Mae rhai twristiaid yn ymddwyn yn wael ar eu gwyliau.
3. Mae'r rhan fwyaf o dwristiaid yn cael eu prif wyliau yn yr haf.
4. Llynedd es i ar wyliau chwaraeon gyda fy ffrindiau.
5. Yn y dyfodol, hoffwn i fynd i Awstralia.

aller	mynd
arrêter	stopio
attendre	aros
atterrir	glanio
attraper	cyrraedd/dal
coûter	costio
faire la queue	ciwio
garer	parcio
partir	gadael
rester	aros
visiter	ymweld â
voir	gweld
voler	hedfan
voyager	teithio

l'Allemagne	Yr Almaen
l'Angleterre	Lloegr
les Antilles	Ynysoedd y Caribï
l'Autriche	Awstria
la Belgique	Gwlad Belg
Douvres	Dover
l'Écosse	Yr Alban
Édimbourg	Caeredin
l'Espagne	Sbaen
les États-Unis	Unol Daleithiau
la France	Ffrainc
la Grande-Bretagne	Prydain Fawr
la Grèce	Groeg
l'Inde	India
l'Irlande	Iwerddon
l'Italie	Yr Eidal

Londres	Llundain
le Maroc	Moroco
la Norvège	Norwy
le pays de Galles	Cymru
les Pays-Bas	Yr Iseldiroedd
le Royaume-Uni	Y Deyrnas Unedig
la Suède	Sweden
la Suisse	Y Swistir

allemand(e)	Almaenaidd
anglais(e)	Seisnig
antillais(e)	Caribïaidd
autrichien(ne)	Awstriaidd
belge	Belgaidd
britannique	Prydeinig
chinois(e)	Tsieineaidd
écossais(e)	Albanaidd
espagnol(e)	Sbaenaidd
étranger/etrangère	estron
français(e)	Ffrengig
gallois(e)	Cymreig
grec/grecque	Groegaidd
irlandais(e)	Gwyddelig
marocain(e)	Morocaidd
néerlandais(e)	Iseldiraidd
norvégien(ne)	Norwyaidd
polonais(e)	Pwylaidd
portugais(e)	Portiwgalaidd
russe	Rwsiaidd
suédois(e)	Swedaidd
suisse	Swisaidd
turc/turque	Twrcaidd

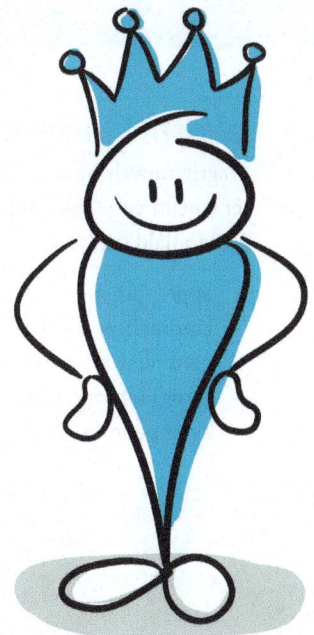

5A NODWEDDION LLEOL A RHANBARTHOL FFRAINC A GWLEDYDD FFRANGEG EU HIAITH

5B GWYLIAU A THWRISTIAETH

GRAMADEG YN EI GYD-DESTUN

GRAMADEG

1. BERFAU TYWYDD

Ysgrifennwch frawddeg yn disgrifio'r tywydd gan ddefnyddio'r amser priodol.

Tref	Lyon	Marseille	Nantes	Strasbourg	Bordeaux
Tywydd					
Amser	Presennol	Perffaith	Amherffaith	Dyfodol	Amodol

Ysgrifennwch dair brawddeg yn rhagweld y tywydd am yr wythnos nesaf.

Cofiwch fod **il** yn cael ei ddefnyddio yn Ffrangeg i ddisgrifio'r tywydd.

2. BERFAU A DDILYNIR GAN ARDDODIAID

Ysgrifennwch **bum** brawddeg yn dweud beth hoffech ei wneud yn y dyfodol gan ddefnyddio'r berfau a'r arddodiaid canlynol.

- apprendre à
- commencer à
- continuer à
- avoir l'intention de
- avoir peur de

Mae angen arddodiad ar lawer o ferfau yn Ffrangeg o flaen y berfenw. Edrychwch ar dudalen 218.

3. Y MODD DIBYNNOL

Cyfieithwch y brawddegau hyn i'r Gymraeg.

- Il faut que vous travailliez.
- Je veux que vous restiez.
- Je veux vous parler avant que vous sortiez.
- Je regrette que vous soyez malade.

Dim ond ar Haen Uwch TGAU y bydd angen i chi adnabod y modd dibynnol. Edrychwch ar dudalen 231.

4. SIARADWCH AM WYLIAU YN Y GORFFENNOL, Y PRESENNOL A'R DYFODOL

Cwblhewch y brawddegau gan ddefnyddio ffurf gywir y ferf.

1. L'année dernière, je _____ (**aller – perffaith**) en Espagne.

2. Il _____ (**faire – amherffaith**) beau tous les jours et le soleil _____ (**briller – amherffaith**).

3. Nous _____ (**passer – perffaith**) deux nuits dans un hôtel au bord de la mer.

4. Normalement, je _____ (**faire – presennol**) beaucoup d'activités aquatiques.

5. L'été prochain nous _____ (**voyager – dyfodol**) en avion.

> Mae'n bwysig eich bod yn gallu defnyddio amrywiaeth o amserau. Edrychwch ar dudalennau 224–240.

5. DEFNYDDIWCH AMSERAU GWAHANOL Y FERF GWAHANOL I SIARAD AM WYLIAU

Atebwch y cwestiynau canlynol gan ddefnyddio'r un amser â'r cwestiwn.

1. Qu'est-ce tu aimes faire pendant tes vacances ?
2. Quel temps faisait-il pendant tes dernières vacances ?
3. Quels monuments as-tu visités pendant l'été dernier ?
4. Qu'est-ce que tu feras pendant les prochaines vacances ?
5. Comment serait ton hôtel idéal ?

> Chwiliwch am yr allweddeiriau a allai eich helpu i adnabod pa amser sy'n cael ei ddefnyddio yn y cwestiwn.

6. AMSER GORBERFFAITH

Cyfieithwch y brawddegau canlynol i'r Ffrangeg.

1. Roeddwn i wedi gorffen.
2. Roedd ef wedi dweud.
3. Roeddwn i wedi mynd allan.
4. Roedd hi wedi mynd i'r gwely'n hwyr.

> Rydych yn ffurfio'r amser hwn drwy ddefnyddio amser amherffaith y berfau avoir/être gyda'r rhangymeriad gorffennol.

THEMA: ASTUDIAETH GYFREDOL, ASTUDIAETH YN Y DYFODOL A CHYFLOGAETH

UNED 2

MENTER, CYFLOGADWYEDD A CHYNLLUNIAU AR GYFER Y DYFODOL

DARLLEN

Darllenwch y wybodaeth ganlynol am swyddi cyntaf y bobl ifanc hyn. Cwblhewch y grid yn Gymraeg.

Mylène : Je suis allée à Londres pour travailler comme au pair avec une famille. J'ai amélioré mon anglais et en même temps j'ai gagné de l'argent de poche.

Sébastien : J'ai voulu voir si l'herbe était plus verte aux États-Unis et j'y suis allé faire du « woofing ». Ça veut dire qu'on reste en famille sans payer le logement et qu'en même temps on fait des jobs pour aider la famille.

Marie : Je suis restée chez moi. Je garde des animaux pour les voisins quand ils sont en vacances. J'aime bien promener les chiens.

Alain : Moi, je suis moniteur dans un club de vacances. Je m'occupe des sports aquatiques et je suis moniteur de voile aussi. Cela me permet d'avoir de l'expérience et de l'argent.

	Mylène	Sébastien	Marie	Alain
Lleoliad				
Swydd				
Manteision y swydd				

YSGRIFENNU

Quels sont les avantages et les inconvénients de travailler pendant les vacances ? Écris trois avantages et trois inconvénients.

Lis l'article au sujet de l'emploi de Jacques. Trouve les cinq phrases vraies.

Tout le monde connaît les babysitters, mais moi je suis un dogsitter ! Je ne garde pas les enfants, mais des chiens.

J'ai commencé mon propre entreprise comme dogsitter il y a deux ans. Mes amis sont partis en vacances et ne savaient pas que faire avec Angie leur chien. Alors je suis resté chez eux pendant qu'ils sont allés en vacances et ils m'ont aussi payé !

J'ai pensé qu'il y avait peut-être d'autres familles qui avaient le même problème et j'ai mis une annonce dans le journal local et dans les vitrines des magasins dans ma ville. Aujourd'hui j'ai créé une page Facebook pour l'entreprise où j'ai publié des photos des chiens et où j'explique ce que je fais. Je n'ai jamais plus de deux chiens en même temps parce que je crois qu'il est important de m'occuper bien des animaux.

Les phrases :

1. Jacques garde les enfants et les chiens.
2. Jacques travaille pour un patron.
3. Il a déjà fait deux ans de travail.
4. Ses premiers clients étaient ses copains.
5. Il fait du travail volontaire.
6. Il travaille aussi dans un magasin.
7. On peut trouver ses annonces dans les magasins locaux.
8. Il met des annonces aussi sur un site de réseau social.
9. Il n'a qu'un chien à la fois.
10. Il garde deux chiens maximum à la fois.

Sgwrs

- Que fais-tu pour gagner de l'argent ?
- Est-ce que tu aimes dépenser ton argent ou garder ton argent ? Pourquoi ?
- Est-ce qu'il est difficile de trouver un job d'été ? Pourquoi (pas) ?
- Que veux-tu faire plus tard dans la vie comme carrière ?
- Veux-tu faire du travail bénévole ? Pourquoi (pas) ?
- Comment serait ton travail de vacances idéal ?

Gwrandewch ar yr arolwg am bobl ifanc a'u harian. Dewiswch y pum gosodiad cywir.

1. Nid yw pobl ifanc yn meddwl bod gwaith yn bwysig.
2. Mae pobl ifanc yn meddwl bod gwaith yn bwysig.
3. Dywedodd 90% o bobl ifanc fod ganddyn nhw waith yn barod neu eu bod yn chwilio am waith.
4. Dywedodd 95% o bobl ifanc fod ganddyn nhw waith yn barod neu eu bod yn chwilio am waith.
5. Roedd y bobl ifanc a gymerodd ran yn yr arolwg yn 20 mlwydd oed.
6. Roedd y bobl ifanc a gymerodd ran yn yr arolwg rhwng 15 ac 20 mlwydd oed.
7. Dywedodd 80% eu bod yn cynilo ychydig o'u harian.
8. Dywedodd 80% eu bod yn gwario'u harian.
9. Prynodd y rhan fwyaf nwyddau electronig gyda'u harian.
10. Gwariodd y rhan fwyaf eu harian ar fynd allan gyda ffrindiau.

Berfenw perffaith

Mae'r berfenw perffaith yn cael ei ffurfio drwy ddefnyddio berfenw **avoir** neu ferfenw **être** gyda rhangymeriad gorffennol y ferf. Mae'n golygu 'bod wedi (gwneud)'. Gan amlaf mae'n cael ei ddefnyddio gyda'r ymadrodd 'après avoir' neu 'après être' (ar ôl/wedi gwneud …) e.e. Après avoir fini le travail, nous sommes allés manger au restaurant (Ar ôl/wedi gorffen y gwaith, aethon ni i fwyta yn y bwyty).

Cofiwch, wrth ddefnyddio **être** yn yr amser perffaith, bydd yn rhaid i'r rhangymeriad gorffennol gytuno, yn ôl a yw'r rhagenw personol yn wrywaidd, yn fenywaidd neu'n lluosog e.e. Après être arrive(é) au travail, j'ai bu un café (Ar ôl/wedi cyrraedd y gwaith, yfais goffi).

Darllenwch y detholiad talfyredig hwn o'r nofel *L'Étranger* gan Albert Camus. Atebwch y cwestiynau yn Gymraeg.

Aujourd'hui, j'ai beaucoup travaillé au bureau. Le patron a été aimable. Il m'a demandé si je n'étais pas trop fatigué... Avant de quitter le bureau pour aller au déjeuner, je me suis lavé les mains. ... Je suis sorti un peu tard, à midi et demi, avec Emmanuel, qui travaille à l'expédition. Le bureau donne sur la mer et nous avons perdu un moment à regarder les cargos dans le port brûlant au soleil.

1. Ble mae'r awdur yn gweithio?
2. Sut berson oedd y bòs?
3. Beth ofynnodd y bòs iddo?
4. Beth wnaeth yr awdur cyn cinio?
5. Faint o'r gloch oedd hi pan aeth i gael cinio?
6. Beth mae e'n gallu ei weld drwy'r ffenestr?

Darllenwch beth mae'r bobl ifanc hyn yn ei wneud i ennill ychydig o arian. Yn Gymraeg, ysgrifennwch beth mae pob un yn ei wneud a beth yw barn pob un am ei swydd.

Anne : Pour gagner un peu d'argent, j'aide à faire le ménage, je lave la vaisselle, je passe l'aspirateur et je lave la voiture. Je n'aime pas ce travail parce que c'est fatigant.

Luc : J'ai un petit boulot le samedi dans un supermarché. Je n'aime pas le travail parce que c'est ennuyeux.

Marie : Je garde des enfants après l'école et je fais du babysitting le weekend. J'aime bien ça.

Benjy : Je suis entraîneur de football pour les petits. J'aime beaucoup ce travail. Je les entraîne le vendredi soir et le dimanche matin.

Marc : Moi je ne fais rien, mais mes parents me donnent de l'argent quand j'en ai besoin. Je pense que cette année je vais trouver un petit boulot d'été.

GWRANDO

Écoute Céline qui parle de son travail de vacances. Remplis les blancs.

Pendant les _____ (1) vacances j'ai travaillé à la réception de l'hôtel _____ (2) de chez moi. J'ai _____ (3) soixante-dix pour cent de mon temps à la réception. J'ai accueilli les clients à leur arrivée et lors de leur départ. J'ai _____ (4) des réservations pour le restaurant et j'ai _____ (5) des coups de téléphone. _____ (6) j'ai travaillé de sept _____ (7) du matin jusqu'à quatorze heures de l'après-midi et _____ (8), j'ai travaillé de quatorze heures à vingt et une heures du soir. J'ai beaucoup aimé ce travail parce que je _____ (9) travailler plus _____ (10) dans la vie dans le tourisme. J'aime bien _____ (11) en équipe et je me suis bien _____ (12) avec mes collègues et les clients.

SIARAD

Llun ar gerdyn

- Décris cette photo/Qu'est-ce qui se passe sur cette photo ?
- Est-ce qu'il est important de gagner de l'argent? Pourquoi (pas) ?
- Les jeunes ont besoin d'avoir de l'expérience du monde de travail. Qu'en penses-tu ?
- Comment est-ce que tu dépenses ton argent ? Pourquoi ?
- Quels sont les aspects négatifs d'un petit boulot ?

YSGRIFENNU

Cyfieithwch y brawddegau canlynol i'r Ffrangeg:

Mae gen i swydd ran amser mewn siop fara, yn agos i fy nhŷ. Ddoe, dechreuais i am 7 a.m. Roedd yn rhaid i mi godi'n gynnar iawn. Rwy'n gweithio bob dydd Sadwrn ac yn y prynhawn rwy'n mynd allan gyda fy ffrindiau. Rwy'n hoffi fy swydd.

GRAMADEG

Depuis

Yn Ffrangeg, i ddweud pa mor hir rydych wedi bod yn gwneud rhywbeth, rydych yn defnyddio'r gair 'depuis'. Mae'n cael ei ddefnyddio gyda'r amser presennol e.e. Elle parle depuis une demi heure !
(Mae hi wedi bod yn siarad ers hanner awr!)

6A CYFLOGAETH (3)

DARLLEN

Lis ce que les étudiants cherchent comme travail d'été. Quel est le meilleur emploi pour chaque personne?

David : Je m'intéresse aux sciences et je voudrais avoir mon propre magasin.

Sandrine : J'adore travailler avec les enfants.

Baptiste : Je m'intéresse à la mode. Je coupe les cheveux de mes amis.

Amandine : J'aime beaucoup être en plein air et j'aime faire des promenades. Je suis bien organisée aussi.

Chloé : J'adore voyager et j'aimerais visiter toutes sortes de pays.

Zac : J'habite dans une ferme et je voudrais toujours travailler avec les animaux.

Écris le bon prénom dans la case. Il ne faut remplir que six cases.

Métier	Prénom
Coiffeur	
Facteur/factrice	
Fermier	
Mécanicien	
Hôtesse de l'air	
Vendeur	
Pharmacien	
Instituteur/institutrice	
Chauffeur de poids lourd	

DARLLEN

Darllenwch yr erthygl gylchgrawn am waith gwirfoddol. Atebwch y cwestiynau yn Gymraeg.

Il y a treize millions de bénévoles en France dont vingt-six pour cent sont des étudiants. Le bénévolat est une activité libre et non payée. C'est à vous de décider combien de temps vous pouvez donner. Il est important d'être motivé.

Alice fait du travail bénévole pour une association qui aide les familles qui sont affectées par le cancer. Voici ce qu'elle dit de son expérience :

« Être membre d'une association en faisant du travail bénévole est un peu comme être dans une équipe de football. On rencontre beaucoup de personnes et on a le même but. J'ai fait six mois de travail avec l'association parce que je voulais être utile et faire quelque chose pour les autres. Le travail bénévole m'a aidé à développer ma confiance et m'a donné beaucoup d'expériences dans le monde du travail. Je conseille aux autres de choisir quelque chose qui les motive et de faire du travail bénévole, même pour un peu de temps. »

1. Faint o fyfyrwyr sy'n gwneud gwaith gwirfoddol?
2. Beth mae'r unigolyn ei hun yn ei benderfynu?
3. I ba fath o gwmni roedd Alice yn gweithio?
4. Â beth mae hi'n cymharu gwaith gwirfoddol?
5. Am faint o amser roedd hi'n gwneud gwaith gwirfoddol?
6. Pam dewisodd hi wneud gwaith gwirfoddol?
7. Pa sgiliau ddysgodd hi wrth wneud gwaith gwirfoddol?
8. Beth mae hi'n cynghori pobl eraill i'w wneud?

DARLLEN

Cyfieithwch y brawddegau canlynol i'r Gymraeg:

Le weekend je travaille dans un tout petit magasin de chaussures. Je sers les clients et je travaille à la caisse. Les heures sont longues et je suis fatigué quand je rentre à la maison.

À l'avenir je voudrais aussi ouvrir mon propre magasin de vêtements parce que je m'intéresse à la mode.

GWRANDO

Gwrandewch ar ddisgrifiad Paul o'i swydd haf. Atebwch y cwestiynau yn Gymraeg.

1. Pam penderfynodd ef fod yn DJ?
2. Faint o waith gafodd ef?
3. Pa sgiliau roedd eu hangen arno?
4. Pam gwrthododd ef rai partïon?
5. Beth mae'n rhaid iddo ei wneud yn ei swydd?

SIARAD

Chwarae rôl

- Gofynnwch i'ch ffrind a oes ganddo/ganddi swydd ran amser
- Dywedwch beth rydych chi'n ei wneud i ennill arian
- Dywedwch faint o arian poced rydych chi'n ei gael
- Gofynnwch i'ch ffrind sut mae e'n gwario ei arian/mae hi'n gwario ei harian
- Dywedwch beth brynoch chi dros y penwythnos
- Dywedwch pa fath o swydd ran amser yr hoffech ei gwneud

YSGRIFENNU

Écris une lettre en posant ta candidature pour un emploi d'été. Inclus ces détails:

- Explique pourquoi tu cherches le poste.
- Dis quand tu serais libre pour commencer le travail.
- Donne des détails au sujet de tes expériences et tes études.
- Pose deux questions au sujet du travail.

GRAMADEG

Rhagenwau pwysleisiol

Yn Ffrangeg, pan fyddwch eisiau dweud 'yn fy nhŷ i' neu 'gyda hi', er enghraifft, ac rydych eisiau defnyddio 'chez' neu 'avec', mae angen i chi ddefnyddio'r rhagenw pwysleisiol e.e. chez moi (yn fy nhŷ i), avec elle (gyda hi).

Edrychwch ar y tabl isod i weld rhestr o ragenwau pwysleisiol.

moi	fi, mi
toi	ti (unigol)
lui	ef
elle	hi
nous	ni
vous	chi (lluosog/cwrtais)
eux	nhw (gwrywaidd)
elles	nhw (benywaidd)

6A CYFLOGAETH: RHESTR EIRFA

aider	helpu
à l'étranger	dramor
une annonce	hysbyseb
apprendre	dysgu
un apprentissage	prentisiaeth
une banque	banc
bénévolat	gwaith gwirfoddol
bien payé	sy'n talu'n dda
à la caisse	ar y til
un centre de loisirs	canolfan hamdden
classer des fiches	gwneud y gwaith ffeilio
un(e) client(e)	cwsmer
le CV	CV
écrire	ysgrifennu
un emploi	swydd
une expérience	profiad; arbrawf
faire	gwneud
faire des livraisons	dosbarthu nwyddau
faire des photocopies	gwneud y gwaith llungopïo
faire du baby-sitting	gwarchod plant
un fast-food	bwyty bwyd cyflym
fatigant(e)	blinedig
gagner	ennill
un garage	garej
les heures de travail	oriau gwaith
livrer des journaux	dosbarthu papurau newydd
une langue étrangère	iaith dramor
laisser un message	gadael neges
monotone	diflas, undonog
négatif/negative	negyddol
parler	siarad

passer	treulio (amser)
positif/positive	cadarnhaol
le/la patron(ne)	bòs
un petit boulot	swydd ran amser
remplir les rayons	llenwi silffoedd
le salaire	cyflog
un salon de coiffure	siop trin gwallt
un supermarché	archfarchnad
servir les clients	gweini cwsmeriaid
le stage en entreprise	profiad gwaith
stressant(e)	yn achosi straen
travailler	gweithio
une usine	ffatri
voyager	teithio

DARLLEN

Darllenwch y am gynlluniau gyrfa Isabelle yn ei blog. Atebwch y cwestiynau yn Gymraeg.

Je ne suis pas comme les autres élèves de ma classe. Ils veulent gagner beaucoup d'argent dans la vie. Cependant, je n'ai pas d'envie de gagner beaucoup d'argent. Je suis très sportive et j'aime être dehors. La seule chose qui m'intéresse ce sont les chiens et je voudrais avoir mon propre entreprise un jour, peut-être une boutique pour les chiens ou être entraîneur de chiens. Ma sœur croit que je suis bête et mon père dit que je suis folle ! Néanmoins, ma mère pense que c'est une bonne idée parce que je suis gentille avec les animaux et je suis responsable.

1. Pam nad yw hi'n debyg i ddisgyblion eraill?
2. Pa fath o berson mae hi'n ei feddwl yw hi?
3. Beth sydd o ddiddordeb iddi?
4. Pa **ddau** beth mae hi eisiau eu gwneud yn y dyfodol?
5. Beth mae ei chwaer yn ei feddwl amdani?
6. Beth mae ei mam yn ei feddwl am ei syniad?

DARLLEN

Darllenwch y testun hwn o'r llyfr _Enzo, 11 ans, sixième 11_ gan Joëlle Ecormier. Atebwch y cwestiynau yn Gymraeg.

Je suis né le onze novembre à onze heures et onze minutes. Ma mère a « souffert le martyre » pendant onze heures. Les pires de sa vie, elle dit.

Après ce grand moment de bonheur, elle m'a appelé Enzo. J'ai pensé que c'était pour se venger. Je suis vite devenu « Zozo ». Il paraît que c'est affectueux. C'est surtout énervant.

Quand j'ai appris à écrire les nombres, en classe de CP, j'ai réalisé que pour écrire « onze » je devais utiliser les mêmes lettres que celles de mon prénom. Le numéro onze est devenu très significatif dans ma vie.

Le 11 mars 2011 je me suis fait confisquer mon portable à l'école. Au collège ma moyenne est toujours le 11 !

1. Ar ba ddyddiad ac am faint o'r gloch y cafodd Enzo ei eni?
2. Pam cafodd e'r llysenw Zozo?
3. Beth oedd ei farn am gael ei alw'n Zozo?
4. Yn y detholiad hwn, beth roedd e'n dysgu ei wneud pan oedd yn y CP (dosbarth cynradd)?
5. Beth ddigwyddodd ar 11 Mawrth?

GRAMADEG

Rhagenwau gwrthrychol anuniongyrchol

Weithiau yn Ffrangeg, rydym eisiau dweud 'iddo ef/iddi hi/iddyn nhw'.

- lui –iddo ef
- lui – iddi hi
- leur – iddyn nhw

e.e.

- Je le lui ai donné (Rhoddais i fe/fo iddo ef)
- Elle leur donne de l'argent (Mae hi'n rhoi arian iddyn nhw)

YCHWANEGOL

Allwch chi ddod o hyd i ystyr y rhain?

1. pendant
2. après
3. vite
4. il paraît que
5. surtout
6. moyenne

Chwarae rôl

- Rhowch **ddau** o'ch rhinweddau
- Dywedwch pa ieithoedd rydych chi'n eu siarad
- Dywedwch pa sgiliau byddech chi'n hoffi eu dysgu yn y dyfodol
- Gofynnwch i'ch ffrind pa fath o berson yw ef/hi
- Gofynnwch i'ch ffrind pa fath o waith mae ef/hi'n hoffi ei wneud
- Dywedwch beth ddysgoch chi yn yr ysgol ddoe

GWRANDO

Écoute cette interview avec un directeur de l'hôtel Mercure à Lyon. Choisis les cinq bonnes réponses.

1. Le personnel doit être sympa.
2. Le personnel doit être bavard.
3. Le directeur doit être strict.
4. Le directeur doit être organisé.
5. Les clients sont souvent difficiles.
6. De temps en temps les clients sont difficiles.
7. Il faut parler anglais.
8. Il faut être Anglais.
9. Il ne faut pas parler anglais.
10. C'est bien si on parle une autre langue.

Cyfieithwch y brawddegau canlynol i'r Ffrangeg:

Rwy'n frwd iawn am fy swydd fel cyfarwyddwr marchnata. Mae'r cyflog yn dda ac mae'r oriau'n hir. Yn anaml y byddaf yn treulio'r penwythnos gyda fy nheulu. Rwy'n caru fy swydd oherwydd does dim trefn wedi'i gosod ac nid oes un diwrnod sy'n debyg i'r llall.

DARLLEN

Relie les phrases avec les emplois.

1. Vous aimez travailler avec vos mains.
2. Vous aimez aider les autres élèves en classe.
3. Vous préférez être dehors, même s'il ne fait pas beau.
4. Vous aimez rester derrière un bureau et taper à l'ordinateur.
5. Vous aimez planifier vos vacances à l'avance.
6. Vous aimez écrire des chansons.

a. cerddor
b. cogydd
c. gweithiwr swyddfa
ch. ffermwr
d. asiant teithio
dd. athro

DARLLEN

Cyfieithwch y paragraff hwn i'r Gymraeg:

Je travaille dans une agence de voyage. Je dois réserver des billets d'avion pour les clients et je les aide à choisir des vacances. Il faut être à l'aise avec les gens et très bien organisé. Il est important d'avoir une bonne connaissance de la géographie et être bon en maths est essentiel.

GWRANDO

Gwrandewch ar yr adroddiad gan Denis. Atebwch y cwestiynau yn Gymraeg.

1. Yn ôl yr adroddiad, beth sy'n bwysig?
2. Pam mae hynny'n bwysig?
3. Beth bu'n rhaid i Denis ei wneud yr wythnos diwethaf?
4. Ar wahân i fynd i'r ysgol, pa ffyrdd eraill o ddysgu sy'n cael eu hawgrymu?
5. Beth sy'n cael ei ddweud am fusnesau?

DARLLEN

Darllenwch yr erthygl am fathau gwahanol o bersonoliaethau.

Personne A : Tu es très sociable et de bonne humeur. Au collège tu te trouves toujours entouré de tes copains. Tu adores faire des spectacles.

Personne B : Tu es curieux et tu as une bonne imagination. Tu es créatif et tu aimes lire. Tu n'es pas bien organisé. L'histoire est ta passion !

Personne C : Tu es sportif et tu ne t'arrêtes pas de bouger. Tu n'aimes pas être assis et tu aimes les choses pratiques.

Personne Ch : Tu es calme et solitaire. Tu aimes avoir un ou deux copains et tu préfères être en plein air. Tu n'aimes pas te lever tôt le matin.

Dewiswch y math cywir o bersonoliaeth ar gyfer pob gosodiad.

1. Rydych bob amser yn brysur.
2. Rydych yn hoffi darllen.
3. Rydych yn mwynhau gwneud sioeau.
4. Mae ffrindiau o'ch cwmpas bob amser.
5. Rydych yn fusneslyd.
6. Dydych chi ddim yn drefnus iawn.
7. Dydych chi ddim yn hoffi eistedd i lawr.
8. Mae gennych natur dda.
9. Dydych chi ddim yn hoffi codi'n gynnar yn y bore.
10. Rydych yn dawel.

YSGRIFENNU

Écris une phrase pour chaque travail.
Écris au sujet des qualités qu'il faut avoir.

- Médecin
- Vendeur
- Pilote
- Agent de police
- Secrétaire

GRAMADEG

Rhagenwau dangosol

Mae rhagenwau dangosol yn cael eu defnyddio yn Ffrangeg i olygu 'yr un, y rhai, hwn, hon, y rhain, hwnnw, honno, y rheini,' etc.

Gwrywaidd	Benywaidd	Unigol/Lluosog	Cymraeg
celui	celle	unigol	yr un
ceux	celles	lluosog	y rhai
celui-ci	celle-ci	unigol	hwn, yr un yma; hon, yr un yma
ceux-ci	celles-ci	lluosog	y rhain, y rhai yma
celui-là	celle-là	unigol	hwnnw, hwnna; honno, honna
ceux-là	celles-là	lluosog	y rheini; y rheina

e.e.

- il prendra celui-là (cymeriff e hwnna). Edrychwch ar dudalen 217.

SIARAD

Llun ar gerdyn

- Décris cette photo/Qu'est-ce qui se passe sur cette photo ?
- Quelles sont les qualités d'un bon patron ? Pourquoi ?
- Il est important de parler une langue étrangère. Qu'en penses-tu ?
- As-tu un petit boulot ? Pourquoi (pas) ?
- Quelles sont tes qualités professionnelles ?

DARLLEN

Darllenwch y gosodiadau hyn am yr hyn mae cyflogwyr yn chwilio amdano wrth recriwtio. Parwch y gosodiadau 1–10 â'r gosodiadau a–g.

1. Travailler régulièrement
2. Communiquer avec les autres
3. Inventer et créer
4. Aider les autres
5. Être en bonne santé
6. Travailler avec les mains
7. Travailler dehors
8. Être responsable
9. Utiliser la technologie
10. Parler des langues étrangères

a. Bod mewn iechyd da
b. Defnyddio technoleg
c. Gweithio'n rheolaidd
ch. Gweithio â'ch dwylo
d. Bod yn gyfrifol
dd. Siarad ieithoedd tramor
e. Gweithio y tu allan
f. Dyfeisio a chreu
ff. Cyfathrebu gydag eraill
g. Helpu eraill

DARLLEN

Lis l'article au sujet de la préparation pour le monde du travail. Remplis les blancs.

De nos _____ (1) il est important que les _____ (2) possèdent des compétences de _____ (3) qu'il peuvent utiliser dans plusieurs _____ (4).

Il faut lire, _____ (5), compter au meilleur niveau possible. La communication _____ (6) la première valeur que les employeurs _____ (7) aujourd'hui. Une bonne connaissance de la technologie et _____ (8) bien avec les autres est vital ! La formation est _____ (9) et il faut être ouvert à la formation pour toute sa carrière.

Il faut être responsable et autonome. _____ (10) en équipe est aussi désiré par les employeurs.

Dès le lycée on devrait commencer à collecter des preuves de vos expériences professionnelles, par exemple garder un dossier sur vos expériences à part de vos qualifications. Les photos en équipe de rugby ou une lettre qui atteste de vos qualités pendant un petit-emploi serait intéressant pour un employeur.

as	écrit	lié
base	emplois	parle
cherchent	employeurs	personne
clé	est	travail
communiquer	jeunes	travailler
écrire	jours	trouve

GWRANDO

Gwrandewch ar y wybodaeth am gwrs busnes. Atebwch y cwestiynau yn Gymraeg.

1. Pa mor hir mae'r cwrs yn para?
2. Am sawl mis gallwch chi astudio dramor?
3. Ym mha wledydd gallwch chi astudio?
4. Â beth mae angen i chi gadw'n gyfredol?
5. Faint o bobl sydd mewn grŵp ymchwil?
6. Beth bydd yn rhaid i'r grŵp ymchwil ei wneud?
7. Am beth mae'n rhaid i chi gymryd gofal?
8. Pa wybodaeth sy'n cael ei rhoi am y tasgau ysgrifenedig?
9. Beth mae'n rhaid i chi allu ei wneud fel tîm?

YCHWANEGOL

Mae paragraff olaf y darn darllen yn awgrymu beth gallech chi ei roi mewn ffeil yrfa bersonol. Rhestrwch beth gallech chi ei roi yn y ffeil.

SIARAD

Sgwrs

- Quelles sont tes qualités ?
- Quel serait ton emploi idéal ?
- Quelles sont les compétences nécessaires pour ton emploi idéal ?
- Que faut-il faire pour se préparer à une entrevue ?
- Est-ce que tu préfères travailler en équipe ou seul(e) ? Pourquoi ?
- Qu'est-ce que tu aimerais apprendre au travail dans le futur ?

YSGRIFENNU

Écris un paragraphe au sujet des points suivants :

- Tes qualités personnelles et professionnelles
- Tes études et tes qualifications
- Quelles seront les qualités nécessaires pour ton emploi idéal

YCHWANEGOL

Que feras-tu comme travail dans dix ans ?

GRAMADEG

Rhagenwau meddiannol

Mae rhagenwau meddiannol yn cael eu defnyddio pan fyddwch eisiau dweud 'fy un i, dy un di, ei un ef, ei hun hi', etc.

Cymraeg	Gwrywaidd	Benywaidd	Lluosog gwrywaidd	Lluosog benywaidd
fy un i / fy rhai i	le mien	la mienne	les miens	les miennes
dy un di /dy rai di	le tien	la tienne	les tiens	les tiennes
ei un ef /ei rai ef	le sien	la sienne	les siens	les siennes
ei hun hi /ei rhai hi	le sien	la sienne	les siens	les siennes
ein hun ni / ein rhai ni	le nôtre	la nôtre	les nôtres	les nôtres
eich un chi /eich rhai chi	le vôtre	la vôtre	les vôtres	les vôtres
eu hun nhw / eu rhai nhw	le leur	la leur	les leurs	les leurs

e.e.

Est-ce que c'est mon portable ? (Ai fy ffôn i yw hwn?)

Non, le tien est à la maison. (Nage, mae dy un di gartref.)

animé(e)	bywiog
apparaître	edrych/ymddangos
arrogant(e)	hunanfodlon, balch
assuré(e)	hyderus
astuce	cyfrwys
bilingue	dwyieithog
calme	tawel
clair(e)	golau, llachar
la compétence	sgil
connu(e)	adnabyddus
doué(e)	talentog
embêtant(e)	annifyr
en colère	yn ddig, yn grac
être de bonne humeur	bod mewn hwyliau da
être de mauvaise humeur	bod mewn hwyliau drwg
étroit(e)	syth
fâché(e)	blin, crac
faible	gwan
fort(e)	uchel, cryf
heureux/heureuse	hapus
idiot(e)	gwirion, twp
insolent(e)	digywilydd
intelligent(e)	galluog/deallus
joyeux/joyeuse	hapus
mignon(ne)	annwyl
modeste	gwylaidd
ponctuel(le)	prydlon
populaire	poblogaidd
propre	glân
respectable	parchus
sérieux/serieuse	difrifol
sévère	llym
sympa	hoffus

sympathique	cyfeillgar
tranquille	tawel
vite/rapide	cyflym
agréable	neis
aimable	hoffus
ambitieux/ambitieuse	uchelgeisiol
amusant(e)	doniol
beau/belle	hardd
célèbre	enwog
charmant(e)	swynol
content(e)	hapus
courageux/courageuse	dewr
désagréable	annifyr
difficile	anodd
drôle	digrif, doniol
égoïste	hunanol
ennuyeux/ennuyeuse	diflas
fier/fière	balch
formidable	gwych
fort(e)	cryf
fou/folle	gwallgof
généreux/généreuse	hael
gentil(le)	caredig
honnête	gonest
inquiet/inquiète	pryderus
jeune	ifanc
malheureux/malheureuse	anhapus
mauvais(e)	drwg
méchant(e)	drwg
nerveux/nerveuse	nerfus
obstiné(e)	ystyfnig
paresseux/paresseuse	diog
poli(e)	cwrtais
sage	call
sensible	sensitif
sportif/sportive	hoff o chwaraeon
timide	swil
triste	trist

6A CYFLOGAETH

6B SGILIAU A RHINWEDDAU PERSONOL

GRAMADEG YN EI GYD-DESTUN

GRAMADEG

1. BERFENW PERFFAITH

Ysgrifennwch ddiwedd addas ar gyfer y brawddegau hyn.

1. Après avoir fait un stage, _____.
2. Après être allé(e) au travail, _____.
3. Après avoir trouvé un emploi, _____.
4. Après avoir parlé avec le patron, _____.

Nawr ysgrifennwch ddwy frawddeg lawn eich hunan gan ddefnyddio berfenw perffaith.

Mae'r berfenw perffaith yn cael ei ffurfio gan ddefnyddio'r berfenw avoir neu'r berfenw être gyda rhangymeriad gorffennol y ferf. Mae'n golygu 'bod wedi (gwneud)'. Gan amlaf mae'n cael ei ddefnyddio gyda'r ymadrodd 'après avoir' neu 'après être' (ar ôl/wedi gwneud ...). Cofiwch, wrth ddefnyddio être yn yr amser perffaith, bydd yn rhaid i'r rhangymeriad gorffennol gytuno.

2. DEPUIS

Cyfieithwch y brawddegau canlynol i'r Gymraeg

1. Je travaille comme serveur depuis cinq mois.
2. Mon frère étudie à l'université depuis deux ans.
3. Je veux être professeur depuis toute ma vie.
4. Nous cherchons un emploi depuis un an et demi.
5. Je gagne de l'argent depuis trois ans.

I ddweud faint o amser rydych wedi bod yn gwneud rhywbeth, gallwch ddefnyddio'r gair 'depuis'. Yn aml, mae'n cael ei ddefnyddio gyda'r amser presennol. Gallwch ddefnyddio 'depuis' gyda'r amser amherffaith hefyd – byddwch yn dod ar draws hwn ym Modiwl 8.

3. RHAGENWAU PWYSLEISIOL

Cyfieithwch yr ymadroddion canlynol i'r Ffrangeg.

1. O'm blaen i
2. Hebddyn nhw
3. Yn ei thŷ/chartref hi
4. Fe a'i gwnaeth e.
5. Rwy'n gweithio gyda hi

Cofiwch, pan fyddwch eisiau dweud e.e. 'yn fy nhŷ i' neu 'gyda hi' yn Ffrangeg, ac rydych eisiau defnyddio 'chez' neu 'avec' (neu os ydych eisiau pwysleisio bod rhywun wedi gwneud rhywbeth), rhaid i chi ddefnyddio'r rhagenw pwysleisiol.

4. RHAGENWAU GWRTHRYCHOL ANUNIONGYRCHOL

Cyfieithwch y brawddegau canlynol i'r Ffrangeg.

1. Rhoddodd hi fe iddyn nhw.
2. Siaradodd ef â mi amdano.
3. Mae hi'n rhoi melysion iddyn nhw.
4. Mae hi'n rhoi gwaith cartref iddo ef.

> Weithiau yn Ffrangeg, rydym eisiau dweud 'iddo ef/iddi hi/iddyn nhw'. Edrychwch ar dudalen 214.

5. RHAGENWAU DANGOSOL

Ysgrifennwch y rhagenw dangosol cywir ar gyfer y canlynol:

1. Hwn (ffôn)
2. Hwnnw (car)
3. Y rheini (esgidiau)
4. Hwnnw (coffi)
5. Y rhain (papurau newydd)
6. Y rheini (byrddau)

> Mae rhagenwau dangosol yn cael eu defnyddio yn Ffrangeg i olygu 'yr un, y rhai, hwn, hon, y rhain, hwnnw, honno, y rheini,' etc. Edrychwch ar dudalen 217.

6. RHAGENWAU MEDDIANNOL

Llenwch y bylchau yn Ffrangeg gan ddefnyddio'r rhagenw meddiannol cywir.

1. Où est ton sac ? – Voici _____ (**fy un i**).
2. Ma voiture est au garage. Pouvons-nous y aller dans _____ (**eich un chi**) ?
3. Je ne trouve pas mes clés ? Voici _____ (**dy rai di**).
4. Voici mes lunettes. Où sont _____ (**ei hun hi**) ?
5. Mon patron est très strict. Comment est _____ (**dy un di**) ?
6. Est-ce que tu aimes tes collègues ? _____ (**fy rhai i**) sont agréables.

> Mae rhagenwau meddiannol yn cael eu defnyddio i ddweud 'fy un i, dy un di, ei un ef, ei hun hi,' etc. Edrychwch ar dudalen 216.

THEMA: HUNANIAETH A DIWYLLIANT

UNED 3

ARFERION A THRADDODIADAU

7A BWYD A DIOD (1)

Parwch 1–10 ag a–g.

1. Je suis végétarien,
2. Je suis allergique
3. Je n'aime pas
4. Je suis au régime,
5. Il ne mange pas de bonbons
6. La mousse à la fraise
7. J'adore les gâteaux et
8. La limonade a
9. Les frites,
10. Les escargots

a. un très bon goût.
b. parce qu'ils sont très mauvais pour la santé.
c. est vraiment délicieuse.
ch. sont dégoûtants.
d. alors je ne mange pas de viande.
dd. aux produits laitiers et au fromage.
e. le poisson.
f. donc je ne mange pas de chocolat.
ff. j'en mangerais toute la journée.
g. ça fait grossir !

Cyfieithwch y frawddegau 1–5 i'r Gymraeg.

Sgwrs

- Est-ce que tu aimes cuisiner ? Pourquoi (pas) ?
- Décris ton plat préféré.
- Est-ce qu'il est important de manger les spécialités de la région quand on est en vacances ? Pourquoi (pas) ?
- Qu'est-ce que tu préfères manger et boire ? Pourquoi ?
- Que mangeras-tu pour le dîner ce soir ?
- Décris un repas spécial que tu as mangé récemment.

Darllenwch yr erthygl ac atebwch y cwestiynau yn Gymraeg.

La raclette est un plat qui vient de l'est de la France du département de la Savoie. D'habitude on la mange en hiver et c'est un des repas favoris parmi les skieurs. La raclette est populaire pour une soirée entre amis.

La seule chose à préparer à l'avance ce sont les pommes de terre. La raclette est faite avec du fromage à raclette et il y a un appareil pour le faire fondre. Il y a aussi de la charcuterie comme le jambon, le saucisson et le salami. Une bonne salade est souvent servie avec la raclette.

Pour l'accompagner on recommande du vin blanc.

1. O ble yn union yn Ffrainc y mae *la raclette* yn dod?
2. Ar ba adeg o'r flwyddyn mae'n cael ei fwyta fel arfer?
3. Gyda phwy mae pobl yn dueddol o fwyta *raclette*?
4. Beth mae angen ei baratoi ymlaen llaw?
5. Beth yw prif gynhwysyn *raclette*?
6. Enwch ddau fath o gig gallwch chi eu bwyta gyda *raclette*.
7. Beth sy'n cael ei weini'n aml gyda *raclette*?

Écris un article pour un blog au sujet des spécialités de la région. Il faut inclure :
- L'importance des plats
- Ton plat régional préféré
- Un repas spécial chez toi

Adferfau: meintiolwyr a chryfhawyr
Bydd angen i chi adnabod a defnyddio'r geiriau canlynol:

- assez – digon
- beaucoup – llawer
- un peu – ychydig
- très – iawn
- trop – gormod

GWRANDO

Écoute cette interview avec un boulanger de Bordeaux. Trouve la bonne réponse pour chaque question.

1. Le canelé est...
   a. un dessert
   b. un vin
   c. un chocolat

2. La recette est...
   a. connue
   b. un secret
   c. dans un livre

3. Un ingrédient qui ne se trouve pas dans le canelé est...
   a. la farine
   b. le vin
   c. le sucre

4. Qui a utilisé les jaunes d'œuf dans la recette ?
   a. les sœurs religieuses
   b. les frères du château
   c. ma sœur

5. On peut acheter les canelés...
   a. sur Internet
   b. dans un supermarché
   c. au marché

6. La recette de nos jours a été utilisée pour la première fois il y a...
   a. 15 ans
   b. 20 ans
   c. 25 ans

"selon l'humeur & la saison"

- BROUSSE EN FEUILLETE
- Crostini de chèvre
- BOULETTES D'AGNEAU A LA GRECQUE
- Patates à l'aïoli
- Poêlée de supions
- Tarama maison ; Tratziki ; Purée de Pois Chiches

Grillades & Plats cuisinés

Côte de bœuf à la fleur de sel de Ca...

Magret de canard des Landes servi en... supplément sauce 1,50€ miel porto / cèpes / confit d'oignons.

Brochette d'agneau marinée à la planche

Escalope de veau milanaise

Escalope de veau à la crème champignon...

Entrecôte sur grill supplément sauce 1,50€

Tajine de poulet citron confit

Tajine d'agn...

DARLLEN

Lis les informations au sujet des restaurants à Paris.

A

Quick

Service rapide de fastfood

Boîte de cadeaux offerte aux enfants

Le passe-jeune: prix réduits pour les quinze
à vingt-cinq ans

Heures d'ouverture : 06h00–23h00 tous les jours
sauf le dimanche

B

Flunch

Avec chaque boisson gazeuse – une chance de
gagner des vacances

Livre offert aux petits

Ouvert sept jours sur sept

Commandez en ligne et plat livré chaud en
une demi-heure

C

Deux Moulins

Restaurant européen

Ambiance sympa avec carte variée

Plats de bonne qualité

Terrasse et jardin

Fermé le lundi et mardi

Ch

Le Ritz

Réservations obligatoires

Ambiance intime

Haute cuisine avec chef célèbre

École de cuisine

Heures d'ouverture 12h00–22h00 tous les jours,
sauf le lundi

Choisis le restaurant où on peut...

1. recevoir des jouets
2. visiter chaque jour
3. avoir des livraisons à domicile
4. apprendre à cuisiner
5. manger en plein air
6. faire un concours
7. être vite servi
8. avoir des prix réduits

GWRANDO

Gwrandewch ar gŵyn y cwsmer hwn yn y bwyty. Atebwch y cwestiynau yn Gymraeg.

1. Faint o amser roedd yn rhaid i'r cwsmer aros cyn i rywun weini arno?
2. Beth anghofiodd y gweinydd?
3. Beth oedd o'i le gyda'r prydau?
4. Beth gallen nhw fod wedi ei gael fel pwdin?
5. Beth oedd y peth gwaethaf?
6. Pam?
7. Faint yn ormod talon nhw?
8. Beth mae'r cwsmer wedi ei wneud, a pham?

SIARAD

Chwarae rôl

- Dywedwch pa fwyd rydych chi'n hoffi ei fwyta
- Dywedwch pa fwyd byddech chi'n hoffi rhoi cynnig arno
- Gofynnwch i'ch ffrind beth yw ei hoff fwyd
- Gofynnwch i'ch ffrind a yw'n hoffi mynd i fwytai
- Dywedwch a ydych chi'n hoffi coginio a pham (lai)
- Dywedwch beth gawsoch chi i ginio ddoe

DARLLEN

Darllenwch yr adroddiadau TripAdvisor gan ymwelwyr o Ffrainc ei hun â'r bwyty L'Île Verte yn Quiberon. Cwblhewch y grid yn Gymraeg.

Avis 1 : Avis écrit le 2 août

« Menu de 16,50 € qui inclut l'entrée, le plat et le dessert. Terrasse avec vue magnifique sur la mer. Si vous êtes en vacances il faut y aller. »

Avis 2 : Écrit le 16 septembre

« Service excellent et bon rapport avec les clients. Repas de bonne qualité avec des prix intéressants. »

Avis 3 : Écrit le 10 octobre

« Une joie d'y aller. Mon mari a renversé sa boisson sur la pizza de mon fils – ils nous en ont offert une autre gratuite ! »

Avis 4 : Visité en été

« Assiette de crevettes à ne pas manquer ! Les glaces sont fantastiques ! Vue de la plage. »

	Adolygiad 1	Adolygiad 2	Adolygiad 3	Adolygiad 4
Dyddiad yr adolygiad				
Barn				
Gwybodaeth				

YSGRIFENNU

Écris un commentaire pour un site web au sujet d'une visite récente dans un restaurant. Il faut inclure :

- La situation du restaurant
- Ce que tu as bu et mangé
- Le service du personnel
- Tes opinions

YCHWANEGOL

Recommanderais-tu le restaurant ? Pourquoi (pas) ?

DARLLEN

Cyfieithwch y paragraff hwn i'r Gymraeg:

D'habitude en France on prend le déjeuner entre midi et quatorze heures. Si on est chez soi, à l'école ou au restaurant, on mange un déjeuner traditionnel. La plupart des Français mangent une entrée, un plat principal et du fromage ou un dessert. À boire c'est toujours de l'eau ou du vin pour les adultes.

GRAMADEG

Adferfau lle ac amser

Bydd angen i chi adnabod a defnyddio'r adferfau canlynol:

Lle:

- dedans – y tu mewn
- dehors – y tu allan
- ici – yma
- là-bas – fan draw
- loin – yn bell
- partout – ym mhobman

Amser:

- après-demain – y diwrnod ar ôl yfory/trennydd
- aujourd'hui – heddiw
- avant-hier – y diwrnod cyn ddoe/echdoe
- déjà – yn barod
- demain – yfory
- hier – ddoe
- le lendemain – y diwrnod canlynol

DARLLEN

Darllenwch y wybodaeth ac atebwch y cwestiynau yn Gymraeg

Le couscous est un plat d'origine du Maghreb. Il est célèbre dans les Aurès qui se trouvent dans l'est de l'Algérie.

Le couscous est classé parmi les top trois repas favoris des Français. Les Français ont commencé à manger le couscous pendant la première guerre mondiale quand les soldats algériens sont venus pour lutter au côté de la France.

Le couscous est souvent servi avec des légumes et de la viande.

1. O ba wledydd mae *couscous* yn dod yn wreiddiol?
2. Ble mae Aurès?
3. Sut rydyn ni'n gwybod bod pobl Ffrainc yn hoffi *couscous*?
4. Pryd cafodd *couscous* ei gyflwyno am y tro cyntaf i Ffrainc?
5. Gan bwy?
6. Gyda beth mae *couscous* yn cael ei weini fel arfer?

GWRANDO

Gwrandewch ar yr adroddiad newyddion am adegau bwyd teuluoedd a phobl ifanc. Atebwch y cwestiynau yn Gymraeg.

1. Faint o bobl ifanc yn Ffrainc sy'n ordew?
2. Beth mae hanner y bobl ifanc yn ei wneud wrth fwyta?
3. Pa safbwyntiau mae pobl ifanc yn eu rhoi am fwyta gyda'u teulu?
4. Beth mae gwyddonwyr wedi ei ddarganfod am arferion bwyta pobl ifanc?
5. Pam mae'n bwysig eich bod yn bwyta wrth y bwrdd gyda'ch teulu?
6. Pam mae bwyta wrth y bwrdd gyda'ch teulu yn beth da?

SIARAD

Llun ar gerdyn

- Décris cette photo/Qu'est-ce qui se passe sur cette photo?
- Qu'est-ce que tu aimes manger ? Pourquoi ?
- À mon avis les restaurants coûtent cher. Qu'en penses-tu ?
- Décris une visite que tu as faite au restaurant.
- Comment serait ton dîner préféré ? Pourquoi ?

Lis le texte du livre « Petits gâteaux de grands pâtissiers » par Cécile Coulier. Il s'occupe de Christophe Adam, un célèbre pâtissier français.

Le dimanche chez ma grand-mère, c'était le cérémonial : chacun avait « son » gâteau ! Moi, c'était le mille-feuille classique, avec le fondant dessus. Je ne savais pas le couper, j'en mettais partout ! J'aimais surtout la crème et le fondant… Je laissais la moitié du mille-feuille dans l'assiette !

Petit, les mercredis après-midi dans la cuisine familiale, Christophe a lu le cahier de recettes de sa maman et a commencé ses premières expériences pâtissières. « Mon gâteau au yaourt, je le faisais pour moi et je le dévorais encore chaud ! »

1. Avec qui Christophe a-t-il passé le dimanche?

a.   b.   c.

2. Le dimanche, la famille a mangé…

a.

b.

c.

3. Il ne pouvait pas utiliser…

a.

b.

c.

4. Il a laissé… du gâteau.
a. ½   b. ⅓   c. ¼

5. Les mercredis après-midi il était dans…

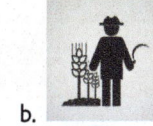

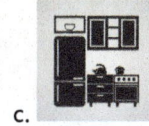

a.   b.   c.

6. Il a cuisiné un gâteau au…

a.   b.   c.

7. Il a aimé manger son gâteau…
a. chaud
b. froid
c. avec le fondant

Ymadroddion maint sy'n defnyddio *de*

GRAMADEG

Yn Ffrangeg, mae *de* yn cael ei ddefnyddio'n aml wrth sôn am gynnwys a maint.

Dyma rai o'r rhai mwyaf cyffredin:

- beaucoup de – llawer o
- une boîte de – bocs/tun o
- une bouteille de – potel o
- grammes de – gram o
- un kilo de – cilo o
- un paquet de – pecyn o
- un peu de – ychydig o
- un pot de – pot o
- une tablette de – bar o
- une tranche de – sleisen o

Cyfieithwch y brawddegau canlynol i'r Ffrangeg:

YSGRIFENNU

1. Mae'n well gen i fwyta gyda fy nheulu o gwmpas y bwrdd.
2. Rwy'n caru bwyta mewn bwytai Tsieineaidd.
3. Ddoe coginiais i ginio i fy ffrindiau.
4. Hoffwn i ddysgu sut i goginio mewn ysgol goginio.
5. Mae fy mam yn gogydd ofnadwy!

un abricot	bricyllen
l'agneau	cig oen
l'ail	garlleg
un ananas	pinafal
une banane	banana
le beurre	menyn
le bifteck	stecen
le bœuf	cig eidion
la boisson	diod
la boisson gazeuse	diod ffisi/diod befriog
les bonbons	melysion, losin
le cacao	coco
une casserole	stiw
une cerise	ceiriosen
un champignon	madarchen
les chips	creision
le chocolat chaud	siocled poeth
un chou	bresychen
un chou-fleur	blodfresychen
un citron	lemwn
le coca	coca cola
un concombre	ciwcymber
la confiture	jam
la crème	hufen
la dinde	twrci
l'eau	dŵr
une fraise	mefusen
une framboise	mafonen
les frites	sglodion
le fromage	caws
les fruits de mer	bwyd môr
un gâteau	cacen

une glace	hufen iâ
un haricot vert	ffeuen werdd
le jambon	ham
le lait	llaeth/llefrith
la laitue	letys
la limonade	lemonêd
la moutarde	mwstard
les nouilles	nwdls
l'œuf	wy
l'œuf brouillé	wy wedi'i sgramblo
l'œuf sur le plat	wy wedi'i ffrio
le pain	bara
un pamplemousse	grawnffrwyth
les pâtes	pasta
une pêche	eirinen wlanog
les petits pois	pys
une poire	gellygen
le poisson	pysgod
le poivre	pupur
un poivron	pupur (coch, gwyrdd, etc.)
une pomme	afal
une pomme de terre	taten
le potage	cawl
le poulet	cyw iâr
une prune	eirinen
un raisin	grawnwinen
la saucisson	selsig
le sel	halen
le sucre	siwgr
le thé	te
le vin	gwin
le yaourt	iogwrt
une boîte	tun; bocs
une bouteille	potel
un couteau	cyllell
les couverts	cyllyll a ffyrc
une cuillère	llwy

le déjeuner	cinio
le dîner	swper/cinio (gyda'r nos)
un four	ffwrn, popty
une fourchette	fforc
un micro-onde	microdon
un paquet	pecyn
le petit déjeuner	brecwast
un plateau	hambwrdd
une poêle	padell ffrio
une recette	rysáit
un repas	pryd o fwyd
une tasse	cwpan
un verre	gwydr

délicieux/délicieuse	blasus
juteux/juteuse	yn llawn sudd
mauvais(e) pour la santé	afiach
piquant(e)	sbeislyd
sain(e)	iach
sucré(e)	melys

avoir faim	bod eisiau bwyd
avoir soif	bod eisiau diod
boire	yfed
boire de l'alcool	yfed alcohol
éviter	osgoi
fumer	ysmygu
grignoter	pigo bwyta
goûter	blasu
il faut	rhaid i chi
manger	bwyta
on doit	dylech chi
prendre	cael; cymryd
rôtir	rhostio
verser	arllwys

DARLLEN

Darllenwch y cerdyn hwn sy'n cyhoeddi geni baban. Atebwch y cwestiynau yn Gymraeg.

La famille s'agrandit!

J'ai enfin découvert ce que maman cachait dans son gros ventre : mon petit frère Clément !

Il est né le seize décembre à neuf heures trente-trois.

Il pesait 3,4 kilos et mesurait quarante-neuf centimètres.

Papa et maman sont très heureux d'agrandir la famille, moi aussi – je ne suis plus le plus jeune !

À bientôt

Julien

1. Beth gwnaeth Julien ei ddarganfod?
2. Sut mae Clément yn perthyn i Julien?
3. Ar ba ddyddiad cafodd Clément ei eni?
4. Faint o'r gloch oedd hi pan gafodd Clément ei eni?
5. Beth oedd hyd Clément?
6. Pam mae Julien yn hapus?

DARLLEN

Lis les commentaires et choisis le bon nom.

Comment as-tu fêté tes 18 ans?

Julie : J'ai fait la fête pendant tout le mois de juillet, avec des sorties avec mes amis et des repas en famille !

Irène : Je ne pouvais pas fêter mon anniversaire parce que j'ai dû réviser pour un examen !

Joseph : J'ai passé une nuit blanche. J'étais en vacances avec mes amis.

Benoît : J'ai mangé le plus grand gâteau au chocolat que j'aie jamais vu de ma vie ! C'était délicieux !

Emma : J'ai fait du ski dans les Alpes avec ma famille. Le soir nous avons mangé une raclette – mon repas préféré et j'ai bu du champagne !

Odette : Moi, j'ai eu ma propre voiture pour mon anniversaire donc j'ai pris la route avec mes amis !

Qui... ?

1. sait conduire
2. est sportive
3. n'est pas contente
4. a son anniversaire en été
5. était étonné
6. a fait la fête toute la nuit
7. a fait la fête pendant quatre semaines

YCHWANEGOL

Chwiliwch am y Ffrangeg am:
- arhosais i fyny drwy'r nos
- fy nghar fy hun
- doeddwn i ddim yn gallu
- a welais erioed
- es i allan ar y ffordd

GWRANDO

Gwrandewch ar y sgwrs ac atebwch y cwestiynau yn Gymraeg.

1. Beth yw'r newyddion da?
2. O ba wlad mae Bangaly yn dod?
3. Sut mae Valérie yn teimlo?
4. Ar ba ddyddiad mae'r digwyddiad yn cael ei gynnal?
5. Am faint o'r gloch mae'r digwyddiad yn cael ei gynnal?
6. Ble mae'r parti?

YSGRIFENNU

Écris au moins une phrase au sujet des points suivants.

- Tes opinions des fêtes
- Ce que tu fais normalement pour fêter ton anniversaire
- Ce que tu as fait l'année dernière pour fêter ton anniversaire
- Ce que tu feras l'année prochaine pour fêter ton anniversaire
- Ton anniversaire idéal

SIARAD

Llun ar gerdyn

- Décris cette photo/Qu'est-ce qui se passe sur cette photo ?
- Préfères-tu fêter ton anniversaire en famille ou avec des amis ? Pourquoi ?
- Je pense que les anniversaires coûtent cher. Qu'en penses-tu ?
- Décris ton meilleur anniversaire.
- Comment serait ton anniversaire idéal ?

GRAMADEG

Adferfau: cymharol ac eithaf

Y prif adferfau bydd angen i chi eu defnyddio ar gyfer cymharu pethau yw:

- aussi... que – mor ... â
- meilleur... que – yn well ... na
- le mieux – y gorau
- mieux – gwell
- moins... que/de – yn llai ... na
- plus... que/de – yn fwy ... na

e.e.

- Mon cadeau est plus grand que le tien – Mae fy anrheg yn fwy na dy un di
- Je dépense plus d'argent que mon frère – Rwy'n gwario mwy o arian na fy mrawd

Gallwch ddefnyddio adferfau hefyd fel y ffurf eithaf e.e.

- Il n'y a rien de mieux que le chocolat ! – Does dim byd gwell na siocled!
- C'était le plus cher – Hwn oedd y drutaf

DARLLEN

Darllenwch y rhestr o bethau sydd eu hangen ar gyfer gŵyl. Parwch 1–10 ag a–g.

1. La tente
2. Un matelas/tapis de sol
3. Sac de couchage
4. Crème solaire
5. Chapeau
6. Lunettes de soleil
7. Vêtements pour la pluie
8. Sac en plastique
9. Un short
10. Un pantalon

a. Siorts
b. Hufen haul
c. Sach gysgu
ch. Pabell
d. Trowsus
dd. Bag plastig
e. Sbectol haul
f. Dillad ar gyfer glaw
ff. Matres neu gynfas lawr
g. Het

SIARAD

Chwarae rôl

- Gofynnwch i'ch ffrind pryd mae ei ben-blwydd/ei phen-blwydd
- Dywedwch beth gawsoch chi ar eich pen-blwydd llynedd
- Dywedwch sut rydych chi'n dathlu eich pen-blwydd fel arfer
- Dywedwch beth yw eich hoff barti a pham
- Gofynnwch i'ch ffrind beth yw ei farn/ei barn am bartïon
- Disgrifiwch eich parti delfrydol

YSGRIFENNU

Écris un article pour un magazine de musique. Donne des détails et justifie tes opinions sur les points suivants.

- L'importance des festivals de musique
- Les aspects négatifs de faire du camping dans un festival
- Un festival que tu aimerais visiter

GWRANDO

Écoute cette annonce pour un festival de musique, « Détours de Babel ». Remplis la grille en français.

Ville:

Dates du festival:

Genres de musique:

Concert d'ouverture:

Concert final:

Prix:

GRAMADEG

Amser perffaith gyda berfau atblygol

Rydych yn ffurfio pob berf atblygol yn yr amser perffaith (gorffennol) gydag amser presennol **être**
e.e. se laver (ymolchi)

- Je me suis lavé(e) – Ymolchais i
- Tu t'es lavé(e) – Ymolchaist ti
- Il s'est lavé – Ymolchodd ef
- Elle s'est lavée – Ymolchodd hi
- Nous nous sommes lavé(e)s – Ymolchon ni
- Vous vous êtes lavé(e)(s) – Ymolchoch chi
- Ils se sont lavés – Ymolchon nhw (gwrywaidd/cymysg)
- Elles se sont lavées – Ymolchon nhw (benywaidd)

Darllenwch yr hysbyseb ganlynol ar gyfer gŵyl gerddoriaeth 'Nuits de Fourvière'. Atebwch y cwestiynau yn Gymraeg.

Les Nuits de Fourvière ont lieu à Lyon entre le premier juin et le trente juillet.

On peut assister à toutes sortes de concerts. En voici quelques-uns:

Premier juin : Concert d'ouverture – Radiohead

15 juin : Concerts pour les amateurs de guitares

16 juin : Concert par les jeunes sensations australiennes – Tame Impala

4 juillet : Duo britannique: Stars

9 juillet : Benjy, la nouvelle sensation française

10 juillet : Les vieux chanteurs de rock – Patti Smith et Iggy Pop

11 juillet : Soirée africaine

15 juillet : Soirée de jeune rock

25 juillet : Hommage au musicien Moonday décédé en deux mille neuf – il aurait fêté ses cent ans cette année !

1. Beth yw dyddiad olaf yr ŵyl?
2. Pa gyngerdd mae Radiohead yn ei gwneud?
3. I ba genedl mae Stars yn perthyn?
4. Pryd bydd y sêr roc ifanc yn y gyngerdd?
5. Pryd bydd y sêr roc hŷn yn y gyngerdd?
6. Beth ddigwyddodd yn 2009?

Cyfieithwch y paragraff canlynol i'r Gymraeg:

Le festival de musique de Lille a eu lieu entre le vingt mai et le trente mai. J'y suis allé avec mes amis et nous nous sommes couchés sous une tente. C'était la première fois que je suis parti sans mes parents. C'était un weekend inoubliable !

DARLLEN

Lis cet article au sujet du Festival de films à Cannes. Remplis les blancs.

Le Festival de Cannes (1) _____ ses portes au (2) _____. Le festival français est le festival de film le (3) _____ connu au monde. Il se passe à Cannes dans le (4) _____ de la France. Le début du festival (5) _____ le premier mai.

Les cérémonies d' (6) _____ et de clôture seront télévisées à la (7) _____ Canal+. Le festival durera une (8) _____. Vous pourrez voir toutes les (9) _____ sur le tapis rouge.

acteur	ouvre	seront
chaîne	passe	sous
ferme	plus	sud
fermeture	printemps	vedettes
hiver	route	voir
moins	semaine	
ouverture	sera	

DARLLEN

Darllenwch y detholiad sydd wedi'i addasu o *La mort au Festival de Cannes* gan Brigitte Aubert. Atebwch y cwestiynau yn Gymraeg.

Depuis mon accident, je ne regarde plus les films, je les écoute. J'imagine les images. Les décors. Les visages. C'est le plus dur à imaginer, les visages. L'avantage des vieux films, c'est que je connais les acteurs, je peux les faire jouer dans ma tête... Et le nouveau 007. Daniel Craig... un James Bond musclé et blond m'a-t-on dit.

1. Beth sydd wedi digwydd iddi ers ei damwain?
2. Beth mae hi'n ei ddychmygu?
3. Beth yw'r peth sydd anoddaf iddi ei ddychmygu?
4. Beth yw mantais hen ffilmiau?
5. Sut mae James Bond yn cael ei ddisgrifio?

GWRANDO

Gwrandewch ar yr adroddiad am ŵyl. Atebwch y cwestiynau yn Gymraeg.

1. Pryd mae'r ŵyl yn cael ei chynnal?
2. Ble mae'r ŵyl yn cael ei chynnal?
3. Pa wlad yw thema'r ŵyl?
4. Beth gallwch chi ei weld a'i wneud yn yr ŵyl?
5. Faint mae'n ei gostio?
6. Pa rif oedd yr albwm a ryddhaodd Suzanne Vega yn yr ŵyl?
7. Pa offeryn bydd Cécile Corbel yn ei chanu heno?
8. Beth arall gall Cécile ei wneud?

SIARAD

Sgwrs

- Est-ce que tu aimes les festivals ? Pourquoi (pas) ?
- Penses-tu que les traditions culturelles soient importantes ? Pourquoi (pas) ?
- Quel est ton festival préféré dans ton pays ? Pourquoi ?
- As-tu visité un festival ?
- Quel serait ton festival de rêve ? Pourquoi ?

YSGRIFENNU

Cyfieithwch y brawddegau canlynol i'r Ffrangeg:

1. Mae gan yr ŵyl awyrgylch gwych.
2. Daeth llawer o dwristiaid i'r ŵyl gerddoriaeth llynedd.
3. Rwy'n mynd i'r sinema gyda fy ffrindiau i ddathlu.
4. Hoffwn i fynd i ŵyl ffilmiau.
5. Y flwyddyn nesaf, af i i wersylla yn yr ŵyl.

GRAMADEG

En, à, au, à la, aux

Mae'r geiriau 'en, à, au, à la, aux' yn golygu 'yn' neu 'i' wrth drafod gwlad.

Mae 'en' yn cael ei ddefnyddio ar gyfer gwledydd benywaidd e.e.

- Je suis allé en Italie – Es i'r Eidal
- Le festival est en Irlande – Mae'r ŵyl yn Iwerddon

Mae 'au' yn cael ei ddefnyddio ar gyfer gwledydd gwrywaidd e.e.

- J'habite au pays de Galles – Rwy'n byw yng Nghymru
- Il est au Canada – Mae ef yng Nghanada

Mae 'aux' yn cael ei ddefnyddio ar gyfer gwledydd lluosog e.e.

- Il travaille aux États-Unis – Mae e'n gweithio yn yr Unol Daleithiau

les activités culturelles	gweithgareddau diwylliannol
agricole	amaethyddol
l'anniversaire (m.)	pen-blwydd
l'Assomption	gŵyl Fair (ym mis Awst)
le bal	dawns (dawnsio)
la chanson	cân
chanter	canu
la coiffe	penwisg
le costume national	gwisg genedlaethol
danser	dawnsio
le festival	gŵyl
la fête des Mères	Sul y Mamau
la fête des Pères	Sul y Tadau
la fête des Rois	Ystwyll
la fête du travail	gŵyl Lafur
la fête folklorique	gŵyl werin
la fête foraine	ffair bleser
une fête nationale	gŵyl genedlaethol
la Fête Nationale	yr Ŵyl Genedlaethol
les feux d'artifice	tân gwyllt
la foire	ffair
le goût	blas
historique	hanesyddol
le jour de l'an	dydd Calan
le jour férié	gŵyl gyhoeddus
le Mardi Gras	dydd Mawrth Ynyd
le mariage	priodas
le Noël	y Nadolig
le Nouvel An	y Flwyddyn Newydd
le Pâques	y Pasg

plein air	awyr agored, yn yr awyr agored
le réveillon de Noël/du nouvel an	parti Nadolig/nos Calan
la Saint–Sylvestre	nos Calan
le soir	gyda'r nos
le soirée musicale	noson gerddorol
le spectacle	perfformiad, sioe
la Toussaint	gŵyl yr Holl Saint
traditionnel(le)	traddodiadol
la veille de Noël	noswyl Nadolig

GRAMADEG

1. ADFERFAU: MEINTIOLWYR A CHRYFHAWYR

Cyfieithwch y brawddegau hyn i'r Ffrangeg gan ddefnyddio'r meintiolwyr a chryfhawyr cywir:

1. Yfodd fy mrawd ormod o *Coke*.
2. Mae hi'n boeth iawn yn ystod yr ŵyl.
3. Maen nhw'n hoffi yfed ychydig o win gyda'u pryd bwyd.
4. Roedd llawer o dwristiaid.
5. Rydw i wedi bwyta digon o siocled.

Bydd defnyddio meintiolwyr a chryfhawyr yn ychwanegu mwy o fanylion at eich Ffrangeg llafar ac ysgrifenedig. Edrychwch ar dudalen 213 am fwy o fanylion.

2. ADFERFAU LLE AC AMSER

Cwblhewch y brawddegau gyda'r adferf gywir.

1. Le concert se trouve _____ du centre.
2. Tous les concerts ont lieu _____.
3. _____ je suis allé à une boum.
4. J'ai _____ assisté à beaucoup de concerts.
5. Pendant le festival il y a des touristes _____.
6. _____ nous irons au marché.

déjà	loin	partout
après-demain	hier	dehors

Mae adferfau'n hanfodol i fynegi sut, pryd, ble neu i ba raddau mae rhywbeth yn digwydd – edrychwch ar dudalen 213 i gael mwy o wybodaeth am adferfau yn Ffrangeg.

3. YMADRODD MAINT YN DEFNYDDIO *DE*

Ysgrifennwch y ffurf Ffrangeg ar gyfer pob llun.

1.

2.

3.

4.

5.

> Cofiwch fod 'de' yn cael ei ddefnyddio'n aml yn Ffrangeg wrth drafod cynnwys a maint.

4. ADFERFAU: GRADDAU CYMHAROL AC EITHAF

Cyfieithwch y brawddegau canlynol i'r Ffrangeg.

1. Y deisen oedd y fwyaf blasus.
2. Yr ŵyl oedd y waethaf.
3. Fi yw'r cyflymaf/gyflymaf.
4. Fy mrawd yw'r mwyaf caredig.
5. Does dim byd gwell na siocled.
6. Rwy'n gwario mwy o arian na fy chwaer.

> Fel gydag ansoddeiriau, gallwch wneud cymariaethau gydag adferfau drwy ddefnyddio 'plus que' a 'moins que'. Gallwch hefyd ddefnyddio adferfau eithaf. Edrychwch ar dudalen 211 am fwy o wybodaeth.

5. AMSER PERFFAITH GYDA BERFAU ATBLYGOL

Ysgrifennwch baragraff am eich pen-blwydd diwethaf neu ddathliad teulu diweddar yn yr amser perffaith. Dylech gynnwys y berfau atblygol canlynol yn yr amser perffaith fel rhan o'ch paragraff.

1. se réveiller
2. se lever
3. s'habiller
4. s'asseoir
5. se casser
6. s'énerver
7. se coucher

> Rydych yn ffurfio pob berf atblygol yn yr amser perffaith (gorffennol) gydag amser presennol être. Cofiwch wneud iddyn nhw gytuno!

6. *EN, À, AU, À LA, AUX*

Cwblhewch y bylchau yn y brawddegau canlynol.

1. Le festival a lieu _____ France.
2. J'adore les restaurants _____ Paris.
3. Les touristes vont _____ ville.
4. Il y a beaucoup de restaurants typiques _____ Portugal.
5. Il travaille _____ Étas-Unis.

> Mae'r geiriau 'en, à, au, à la, aux' yn golygu 'yn' neu 'i' wrth drafod gwlad neu le.

THEMA: CYMRU A'R BYD – MEYSYDD O DDIDDORDEB

UNED 3

CYNALIADWYEDD BYD-EANG

DARLLEN

Parwch 1–10 ag a–g.

1. L'effet de serre
2. Les déchets nucléaires
3. La marée noire
4. La destruction des forêts
5. La disparition des espèces rares
6. La pluie acide
7. L'essence sans plomb
8. La pollution atmosphérique
9. Les inondations
10. Les sécheresses

a. Llifogydd
b. Glaw asid
c. Rhywogaethau prin yn diflannu
ch. Petrol di-blwm
d. Sychderau
dd. Dinistrio coedwigoedd
e. Effaith tŷ gwydr
f. Llygredd atmosfferig
ff. Clwt olew
g. Gwastraff niwclear

GRAMADEG

Rhagenwau amhendant

Byddwch yn sylwi bod y rhagenwau amhendant canlynol yn digwydd drwy'r amser ac efallai byddwch eisiau eu defnyddio wrth ysgrifennu neu siarad:

- quelqu'un – rhywun e.e. Quelqu'un a laissé le robinet ouvert
- quelque chose – rhywbeth e.e. J'ai mangé quelque chose de nouveau
- quelque part – rhywle e.e. Quelque part dans le monde
- tout le monde – pawb e.e Tout le monde doit recycler
- personne ne… – neb e.e. Personne ne veut recycler

Darllenwch y tri phennill o'r gerdd 'L'environnement' gan Mariche Ahcene. Atebwch y cwestiynau yn Gymraeg.

Rares ceux qui ont du respect
Pour l'environnement qui nous entoure
Ils n'accordent aucun intérêt
Et semblent non concernés pour toujours
On y jette toutes sortes de déchets
En les répandant tout autour.

Nul endroit n'est épargné
Par leurs mains, mes frères !
Ni les monts, ni les forêts
Ni les plaines ni les rivières
Ni les vastes étendues désertées
Et ni même notre unique mer !
...

Nous nettoyons la crasse de l'intérieur des maisons
Pour la jeter devant la porte pêle-mêle
De nos repas préparés quotidiennement
Combien d'assiettes sont jetées à la poubelle ?
Nous avons surpollué l'environnement
Hommes, femmes, enfants et demoiselles.

1. Beth sy'n brin?
2. Beth mae pobl yn ei daflu?
3. Enwch **dri** lleoliad sy'n cael eu nodi ym mhennill 2 lle mae llygredd yn digwydd.
4. Pa dasg sy'n cael ei nodi yn y pennill olaf?
5. Pa gwestiwn sy'n cael ei ofyn yn y pennill olaf?
6. Yn ôl y bardd, pwy sydd wedi llygru'r amgylchedd?

Chwarae rôl

- Gofynnwch i'ch ffrind os yw ef/hi yn ecogyfeillgar
- Dywedwch beth rydych chi'n ei wneud yn yr ysgol i helpu'r amgylchedd
- Gofynnwch i'ch ffrind pa mor aml mae ef/hi yn ailgylchu
- Dywedwch beth yw'r broblem amgylcheddol fwyaf yn eich ardal chi
- Dywedwch beth wnaethoch chi gartref yr wythnos diwethaf i helpu'r amgylchedd
- Dywedwch sut gallech chi wella'r problemau yn eich ardal chi

Écoute le reportage sur les problèmes de l'environnement. Remplis les blancs.

L'effet de serre (1) _____ causé par les émissions de gaz (2)_____. La (3) _____ se réchauffe et il y a des (4) _____ et des sécheresses.

Une marée (5) _____ est très dangereuse et elle peut (6) _____ des millions de poissons et d' (7) _____.

La (8) _____ acide est causée par les émissions des (9) _____ et des automobiles. Les gaz se transforment en acides et (10) _____ ils sont mélangés avec la pluie, cela tue la végétation.

carbon	oiseaux	terre
carbonique	noir	tard
est	noire	tuer
et	pleuvoir	tue
immédiate	pluie	usines
inondations	quand	usine
oiseau	qu'on	

Écris au moins une phrase pour exprimer tes opinions sur les points suivants.

- Les problèmes de l'environnement
- Le réchauffement de la terre
- L'énergie renouvelable
- Les problèmes de l'environnement dans ta région

Cyfieithwch y brawddegau canlynol i'r Gymraeg:

1. Le recyclage des déchets nucléaires est très dangereux et coûte cher.
2. Les forêts amazoniennes sont détruites pour leur bois.
3. Les plantes, les oiseaux et les poissons meurent à cause de l'eau polluée.
4. L'effet de serre réchauffe la terre.
5. Il y a plus d'inondations et de sécheresses dans le monde d'aujourd'hui.

DARLLEN

Darllenwch y daflen am ailgylchu gwastraff. Cwblhewch y grid yn Gymraeg.

Mardi et samedi en juillet et en août : collecte des sacs jaunes

Il faut mettre dans les sacs jaunes :

Bouteilles en plastiques vides, petits emballages en carton (pas de gros carton), boîtes, canettes, barquettes en aluminium, aérosols bien vidés.

Le vendredi en juillet et en août : collecte des sacs noirs

On peut mettre dans les sacs noirs :

Sacs en plastiques, pots de yaourt, assiettes de carton, ampoules, gobelets en plastique, barquettes en plastique.

Attention !

Le jeudi en juillet et août : collecte des sacs bleus

Les papiers, magazines et journaux sont à déposer dans les sacs bleus.

Bagiau lliw	Melyn	Du	Glas
Tair eitem sy'n mynd i'r bag			
Dyddiadau casglu			

SIARAD

Llun ar gerdyn

- Décris cette photo/Qu'est-ce qui se passe sur cette photo ?
- Penses-tu que le recyclage soit important ? Pourquoi (pas)?
- Protéger l'environnement est la responsabilité des jeunes. Qu'en penses-tu ?
- Qu'est-ce que tu as fait pour être « écolo » la semaine dernière ?
- Que peut-on faire dans ta région pour améliorer les problèmes de l'environnement ?

Gwrandewch ar yr adroddiad ar faint o amser mae'n ei gymryd i eitemau ddadelfennu. Llenwch y bylchau yn y grid yn Gymraeg.

Eitemau	Faint o amser mae'n ei gymryd i ddadelfennu
	2–3 mis
	100–500 o flynyddoedd

Lis l'article d'un journal et remplis les blancs.

Cet été on recycle et on crée

En (1) _____ nous avons le temps en famille, alors pourquoi pas (2)_____ créatif avec vos (3) _____ et transformer votre (4) _____ en objets d'art !

On apprend aux enfants pendant l'(5) _____ qu'il est important de (6) _____ et il ne faut pas l'oublier en vacances ! Ça ne (7) _____ presque rien et la matière est (8) _____ à trouver. Encouragez les enfants à utiliser leur imagination et leurs (9) _____ en même temps que de passer des (10) _____ de qualité en famille ou avec des amis. C'est aussi une bonne activité quand il (11) _____ !

Mais attention ! Ce n'est pas un exercice d' (12) _____ ! Cependant vous apprenez aux enfants l'importance de recycler les objets et l'importance d'être créatif.

année	facile	pleut
coûte	heures	recyclage
école	mains	recycler
être	petits	vacances

Écris un dépliant au sujet de l'importance de recycler. Il faut inclure :

- Les produits qu'on recycle à la maison
- Les moyens de recycler
- L'importance de recycler

Y goddefol

Mae'r goddefol yn defnyddio'r ferf **être** (bod) gyda rhangymeriad gorffennol y ferf. Mae'n cael ei ddefnyddio i ddweud beth sydd wedi cael ei wneud i rywun neu rywbeth.

- Goddefol presennol e.e. Le recyclage est fait – Mae'r ailgylchu yn cael ei wneud
- Goddefol amherffaith e.e. J'étais respecté – Roeddwn i'n cael fy mharchu
- Goddefol perffaith e.e. J'ai été piqué par une abeille – Rydw i wedi cael fy mhigo/cefais fy mhigo gan wenynen

DARLLEN

Lis les phrases sur les énergies renouvelables et remplis les blancs avec la source d'énergie de la liste.

1. On capte les rayons du _____.
2. Les éoliennes utilisent le _____.
3. On utilise l'_____ avec les barrages hydroélectriques.
4. La _____ est quand on utilise l'énergie des matières organiques.
5. La_____ du sous-sol est l'énergie qu'on trouve dans la terre.

biomasse   eau   vent
chaleur   soleil

SIARAD

Sgwrs
- À ton avis, quels sont les problèmes les plus graves de l'environnement ?
- Quelles sont les solutions ?
- Que fais-tu pour réduire ta consommation de l'énergie ?
- As-tu recyclé des produits la semaine dernière ?
- À ton avis, quels seront les problèmes les plus graves de l'environnement à l'avenir ?
- Qui est responsable de l'environnement ? Pourquoi ?

GWRANDO

Gwrandewch ar yr eitem newyddion hon. Atebwch y cwestiynau yn Gymraeg.
1. Beth mae Greenpeace wedi ei ddweud am Ffrainc?
2. Beth sy'n achosi'r pryder mwyaf?
3. O faint bydd y tymheredd cyfartalog yn codi yn Ffrainc?
4. Pa newidiadau amgylcheddol sydd i'w gweld yn barod yn Ffrainc?
5. Beth sy'n cael ei ddweud am rewlif y Rhône?
6. Pa wybodaeth sy'n cael ei rhoi am y tymhorau?

DARLLEN

Darllenwch yr erthygl papur newydd am egni adnewyddadwy. Dewiswch y pum gosodiad cywir.

En Bretagne huit pour cent de l'énergie qu'on utilise est créée par de l'énergie renouvelable. Ici on utilise les six sources d'énergie suivantes : le bois bûche, chaleur, biogas, éolien, électricité secondaire et solaire/thermique.

Alors la Bretagne fait sa part en réduisant les gaz à effet de serre. L'année dernière l'usage de l'énergie renouvelable dans la région a augmenté de douze pour cent. La cible cette année est le double.

Voici quelques statistiques et informations sur les énergies renouvelables en Bretagne.

- L'usage de bois bûche a augmenté de plus de quarante pour cent.
- Il existe quatre cent quatre-vingt-sept éoliennes en Bretagne.
- Les éoliennes sont en mer et sur la terre.

1. Mae wyth ffurf ar egni adnewyddadwy yn cael eu defnyddio yn Llydaw.
2. Mae chwe ffurf ar egni adnewyddadwy yn cael eu defnyddio yn Llydaw.
3. Mae 6% o egni yn dod o ffynonellau adnewyddadwy.
4. Mae 8% o egni yn dod o ffynonellau adnewyddadwy.
5. Mae hinsawdd Llydaw yn gwella.
6. Mae Llydaw yn helpu i leihau'r effaith tŷ gwydr.
7. Eleni mae'r defnydd o egni adnewyddadwy wedi cynyddu o 12%.
8. Eleni mae'r defnydd o egni adnewyddadwy wedi dyblu.
9. Mae 487 o dyrbinau gwynt yn Llydaw.
10. Mae 427 o dyrbinau gwynt yn Llydaw.

Cyfieithwch y brawddegau canlynol i'r Ffrangeg:

1. Mae'n rhaid i ni feddwl am y dyfodol.
2. Dylech chi ailgylchu.
3. Mae angen i chi ddefnyddio'r trên yn lle'r car.
4. Yn fy marn i, mae'r cyfrifoldeb ar bawb.
5. Mae'n rhaid i ni ddiogelu'r amgylchedd.

GRAMADEG

Depuis

Rydych wedi gweld yn barod eich bod yn gallu defnyddio 'depuis' gyda'r amser presennol i olygu 'wedi bod' mewn cyfnod o amser e.e.

- J'apprends à recycler depuis l'âge de trois ans.
  Rydw i wedi bod yn dysgu sut i ailgylchu er pan oeddwn yn dair oed.
- Je suis ici depuis quatre heures !
  Rydw i wedi bod yma ers pedair awr!

Gallwch ddefnyddio 'depuis' hefyd gyda'r amser amherffaith i olygu 'roedd wedi bod …' e.e.

- Il habitait en France depuis trois ans.
  Roedd ef wedi bod yn byw yn Ffrainc ers tair blynedd.

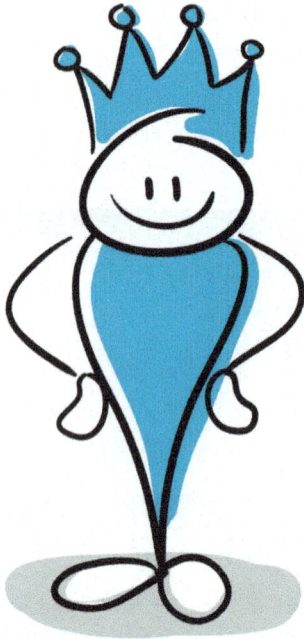

une boîte	tun/bocs
une bouteille de verre	potel wydr
le dépôt de bouteilles	man (sgip) ailgylchu poteli
le détritus	sbwriel
disparaître	diflannu
économiser	arbed, cynilo
l'emballage	defnydd pacio
le gaspillage	gwastraff
gaspiller	gwastraffu
jeter	taflu
menacer	bygwth
une poubelle	bin sbwriel
recycler	ailgylchu
un sac en plastique	bag plastig
sauver	arbed
séparer	gwahanu
sortir	mynd â (rhywbeth) allan
trier	didoli
un verre	gwydr
le verre recyclable	gwydr ailgylchadwy
l'air	aer
l'automobiliste	gyrrwr car
avertissement	rhybudd
le bois	coed (defnydd)
bon pour l'environnement	ecogyfeillgar
le bruit	sŵn
la brume	tarth
la catastrophe	trychineb
un centre nucléaire	gorsaf bŵer niwclear
le chauffeur	gyrrwr
la circulation	traffig

la couche d'ozone	haen osôn
couvert(e)	wedi'i orchuddio/wedi'i gorchuddio
la crise	argyfwng
danger	perygl
dangereux/dangereuse	peryglus
le déboisement	datgoedwigo
les déchets	sbwriel
les déchets atomiques	gwastraff atomig
la destruction	dinistr
l'effet de serre	effaith tŷ gwydr
endommagé(e)	wedi cael ei ddifrodi
l'énergie	egni
l'énergie du vent	egni gwynt
l'énergie éolienne	egni gwynt (tyrbinau gwynt)
l'énergie nucléaire	egni niwclear
l'énergie solaire	egni solar
l'environnement	yr amgylchedd
l'essence	petrol
la fleur	blodyn
la forêt	coedwig
le gaz d'échappement	nwy gwacáu
l'huile	olew
l'hydroélectricité	trydan dŵr
l' île	ynys
l'industrie	diwydiant
l'inondation	llifogydd
le manque	diffyg
la marée noire	clwt olew
les moyens de transport	dulliau teithio
le pays en voie de développement	gwlad sy'n datblygu
pollué(e)	wedi'i lygru/wedi'i llygru
un produit nuisif	sylwedd niweidiol
les produits chimiques	cemegion
la sécheresse	sychder
la source d'énergie	ffynhonnell egni
le trou	twll
la vapeur	anwedd
le vaporisateur	can chwistrellu
la vie	bywyd

aménager	trawsnewid
brûler	llosgi
causer	achosi
déménager	symud tŷ
déranger	amharu ar
détruire	dinistrio
endommager	difrodi
éteindre	diffodd
éviter	atal, osgoi
gaspiller	gwastraffu
habiter	byw
menacer	bygwth
polluer	llygru
protéger	diogelu
provoquer	achosi
réduire	lleihau
sauver	arbed
utiliser	defnyddio

les averses	cawodydd
bas	isel
beau/belle	braf
briller	disgleirio
le brouillard	niwl
la brume	tarth
brumeux/brumeuse	niwlog/tarthog
la canicule	ton wres
le ciel	yr awyr
la chaleur	gwres
chaud(e)	poeth
clair(e)	clir
la climatisation	aerdymheru
doux/douce	mwyn
les éclaircies	ysbeidiau heulog
les éclairs	mellt
ensoleillé(e)	heulog
frais/fraîche	ffres
froid(e)	oer

geler	rhewi
glacial(e)	rhewllyd
la grêle	cenllysg, cesair
haut(e)	uchel
lent(e)	araf
lentement	yn araf
mauvais(e)	drwg
la météo	rhagolygon y tywydd
mouillé(e)	gwlyb
la neige	eira
neiger	bwrw eira
les nuages	cymylau
nuageux/nuageuse	cymylog
les orages	stormydd
orageux/orageuse	stormus
pleuvoir	bwrw glaw
la pluie	glaw
pluvieux/pluvieuse	gwlyb, llawn glaw
profond(e)	dwfn
le réchauffement climatique	cynhesu byd-eang
respirer	anadlu
sauvage	gwyllt
sec/sèche	sych
le siècle	canrif
le soleil	haul
la tempête	storm
le temps	y tywydd
tonner	taranu
le tonnerre	taran, taranau
le verglas	iâ du

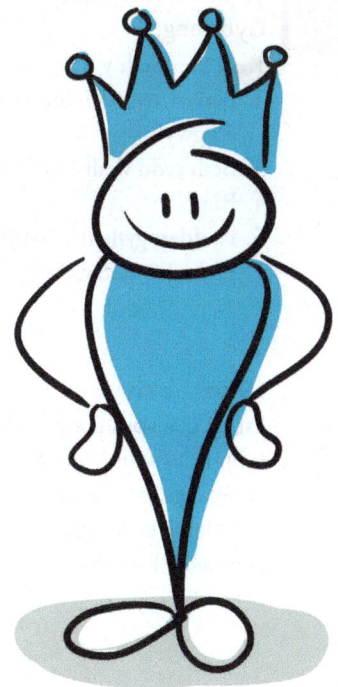

Lis les statistiques au sujet des pauvres en France. Relie les numéros 1–5 aux chiffres.

La France a entre cinq et huit millions de pauvres. Parmi ces pauvres il y a les personnes sans domicile fixe (SDF). Selon l'Insée, il y a environ cent trente mille SDF en France.

Dix-sept pour cent d'entre eux sont des femmes et vingt pour cent d'entre eux ont moins de vingt-cinq ans. Parmi les SDF âgés de seize à dix-huit ans, soixante-dix pour cent sont des femmes.

1. Pauvres
2. Sans domicile fixe
3. Femmes
4. Moins de 25 ans
5. Femmes SDF âgées de 16 à 18 ans

17%	5,000,000–8,000,000
20%	70%
130,000	

Gwrandewch ar yr eitem newyddion am y firws Ebola. Atebwch y cwestiynau yn Gymraeg.

1. O ble daeth y firws Ebola yn wreiddiol?
2. Beth dydy pobl ddim yn cael ei wneud gyda chig o'r gwylltir?
3. Beth sydd wedi cael ei wahardd?
4. Pam?
5. Pa **ddau** gyfleuster sydd ddim ar gael yn y pentrefi a nodwyd?

Cyfieithwch y paragraff canlynol i'r Gymraeg:

Est-ce que vous pouvez aider les sans domicile fixe à Lyon ? On vous invite à venir déposer les couvertures et les sacs de couchage en bon état cette semaine à la Mairie de la ville. Un petit geste très important peut aider les pauvres dans notre ville.

Écris une lettre au Président au sujet d'un problème mondial qui te préoccupe. Donne des informations et exemples. Justifie tes opinions au sujet des points suivants.

- Pourquoi tu t'inquiètes de ce problème
- L'importance d'aider les pauvres
- Ce qu'on peut faire pour résoudre les problèmes de la pauvreté

Cofiwch drefnu hwn fel llythyr ffurfiol gyda dechrau a diwedd addas. Bydd angen i chi hefyd ddefnyddio'r ffurf 'vous'. Mae'n syniad da i chi gynllunio eich ymateb.

- Dywedwch pa fater byd-eang sy'n eich poeni chi a defnyddiwch ferfau priodol i roi eich barn e.e.
  ce qui m'inquiète c'est... Gallech esbonio pa fath o broblemau mae'r mater hwn yn eu hachosi neu sut mae'n effeithio ar bobl, a gallech hefyd fynegi eich barn am beth fydd yn digwydd yn y dyfodol.
- Rhaid i chi roi nifer o resymau pam mae helpu pobl eraill yn bwysig. Gallech hefyd ddweud beth rydych chi wedi ei wneud yn ddiweddar i helpu pobl eraill e.e. digwyddiadau elusennol yn yr ysgol, codi arian, gwirfoddoli.
- Gallwch hefyd sôn am beth gall unigolion ei wneud e.e. tout le monde peut neu y dylen nhw ei wneud e.e. tout le monde devrait a beth dylai'r llywodraeth ei wneud e.e. le gouvernement devrait. Mae hwn yn gyfle da i gynnwys y modd dibynnol os gallwch wneud hynny e.e. Le problème le plus grave que nous ayons rencontré chez nous, c'est le gaspillage de l'eau.

DARLLEN

Darllenwch yr erthygl hon am y digartref yn Ffrainc. Atebwch y cwestiynau yn Gymraeg.

À Paris les personnes sans domiciles fixe (SDF) dorment normalement dans la rue, les gares, le Métro, les parkings et sous les ponts comme le pont Morland.

En l'an deux mille six, une nouvelle association française a été créée pour les aider. Elle s'appelle « Les Enfants de Don Quichotte ». L'association a mis deux cents tentes à côté du canal Saint-Martin comme centre d'hébergement pour les SDF. D'autres villes françaises ont ouvert des campements, à Nantes, Lille, Grenoble, Toulouse et à Bordeaux.

Les SDF sont confrontés à de nombreux problèmes tels que la faim, la santé, le chômage, l'alcoolisme, les drogues et la mortalité.

1. Yn ôl yr erthygl, ble mae pobl ddigartref yn cysgu fel arfer?
2. Ym mha flwyddyn dechreuodd 'Les Enfants de Don Quichotte'?
3. Beth gafodd ei roi ger camlas Saint-Martin?
4. Sawl un roddwyd yno?
5. Yn ôl yr erthygl, pa broblemau mae pobl ddigartref yn eu hwynebu?

SIARAD

Llun ar gerdyn

- Décris cette photo/Qu'est-ce qui se passe sur cette photo ?
- Penses-tu qu'il soit important d'aider les pauvres ? Pourquoi (pas) ?
- Penses-tu qu'il soit important de donner de l'argent aux associations qui aident les pauvres ? Pourquoi (pas) ?
- Est-ce que tu fais des choses pour aider les pauvres ?
- Qu'est-ce qu'on peut faire pour aider les pauvres ?

8B MATERION CYMDEITHASOL (2)

DARLLEN

Darllenwch yr arolwg a gynhaliwyd ym Mharis am fewnfudo. Llenwch y bylchau yn Gymraeg.

1. Voudriez-vous avoir des « immigrés » comme voisins ?
   - Oui 16%
   - Non 73%
   - Sans avis 11%
2. À votre avis, est-ce que les « immigrés » sont responsables du problème du chômage ?
   - Oui 41%
   - Non 48%
   - Sans avis 11%
3. Faut-il que les « immigrés » rentrent chez eux ?
   - Oui 32%
   - Non 58%
   - Sans avis 10%
4. Est-ce que les pays d'Europe doivent faire plus pour accueillir « les immigrés » ?
   - Oui 37%
   - Non 49%
   - Sans avis 14%
5. À votre avis où se trouvent la plupart des problèmes d'immigration ? Réponses données en ordre d'importance :
   i. Les centres-villes
   ii. Les banlieues
   iii. Le Métro
   iv. Les écoles
   v. Le bus
   vi. Le train
   vii. La route
   viii. Les villages

1. Dywedodd ___% o'r bobl a arolygwyd na fyddent yn hoffi cael mewnfudwyr fel cymdogion.
2. Dywedodd ___% o'r bobl a arolygwyd bod mewnfudwyr yn gyfrifol am ddiweithdra.
3. Dywedodd ___% o'r bobl a arolygwyd bod angen gwneud mwy i groesawu mewnfudwyr.
4. Ni roddodd ___% o'r bobl a arolygwyd eu barn ynghylch a ddylai mewnfudwyr fynd yn ôl i'w gwlad eu hunain.

5. Ni roddodd ___% o'r bobl a arolygwyd eu barn ynghylch a fydden nhw'n hoffi cael mewnfudwyr fel cymdogion.
6. Yn ôl y bobl a arolygwyd, y tri man lle roedd y nifer mwyaf o broblemau yn ymwneud ag ymfudo oedd _____, _____ a _____.

DARLLEN

Darllenwch y detholiad sydd wedi'i addasu o'r nofel *La fabrique du monstre : 10 ans d'immersion dans les quartiers nord de Marseille, la zone la plus pauvre d'Europe* gan Philippe Pujol.

On ne quitte pas son pays. C'est la faim ou la violence qui vous en jette. Comme sa sœur Miyandi, deux années plus tôt, Bahuwa m'ouvre sa porte. Elles sont là toutes les deux… me faisant visiter l'appartement… Dans chaque pièce dorment au moins quatre personnes. Ils s'entassent peut-être à quinze dans ces 70 mètres carrés. Moins de place qu'en prison … « on paye 672 euros de loyer et 70 euros de charge. » … « on dort chacun son tour, il y a ceux qui vont travailler et ceux qui se reposent », explique Miyandi.

1. Beth sy'n gyrru mewnfudwyr i adael eu gwlad?
2. Pryd ymwelodd yr awdur â Miyandi y tro cyntaf?
3. Ar ôl agor y drws beth wnaeth y chwiorydd?
4. O leiaf faint o bobl sy'n cysgu mewn ystafell?
5. Faint o bobl sy'n byw yn y fflat?
6. Â beth mae'r fflat yn cael ei chymharu?
7. Pan fydd rhai o'r bobl yn cysgu, beth mae'r bobl eraill yn ei wneud?

YSGRIFENNU

Cyfieithwch y brawddegau canlynol i'r Ffrangeg:

Eleni yn yr ysgol rydym wedi codi bron £1,000 ar gyfer ffoaduriaid o Affrica. I godi'r arian hwn rydym wedi cael cyngerdd. Chwaraeodd y disgyblion hynaf gêm bêl-droed yn erbyn yr athrawon hefyd. Collodd yr athrawon!

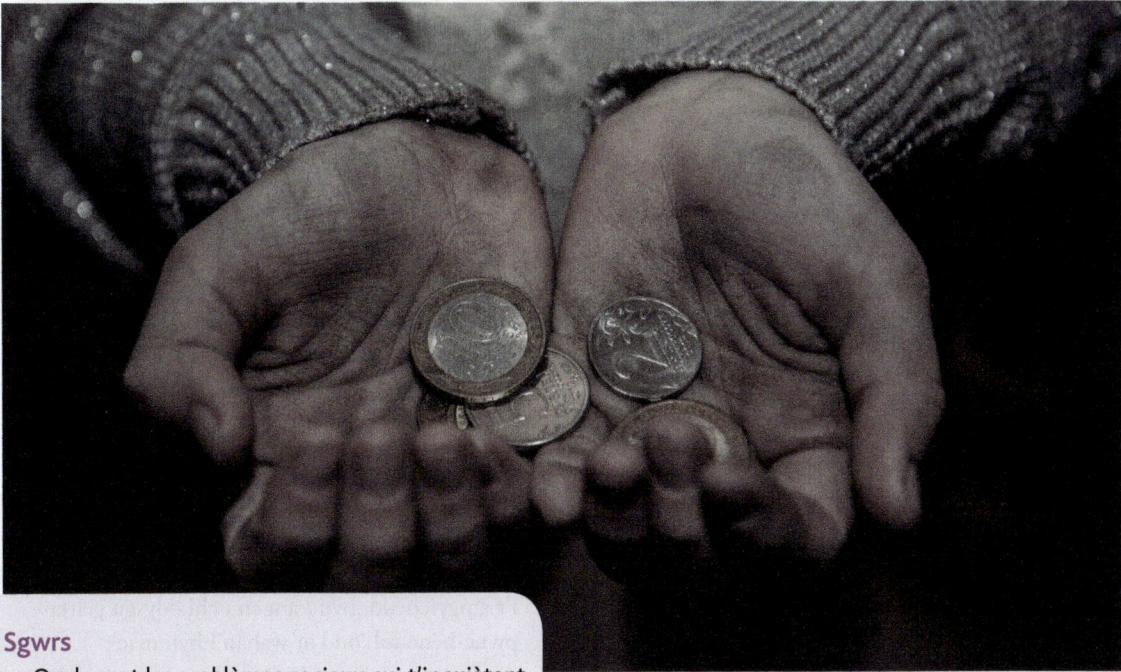

Sgwrs

- Quels sont les problèmes sociaux qui t'inquiètent le plus ?
- Quelle est ton organisation caritative préférée ? Pourquoi ?
- Comment est-ce qu'on peut aider les réfugiés ?
- Qu'est-ce que tu as fait pour aider les autres ?
- Que fais-tu au collège pour les organisations caritatives ?
- Que feras-tu à l'avenir pour aider les organisations caritatives ?

Mae'n debyg bydd yn rhaid i chi ddefnyddio ac adnabod rhifau yn eich arholiad – gwnewch yn siŵr eich bod yn eu hadolygu. Edrychwch ar dudalen 219.

Dyma rai ymadroddion defnyddiol eraill wrth drafod maint:

- dizaine – tua 10
- douzaine – tua dwsin
- quinzaine – tua 15; pythefnos
- vingtaine – tua 20
- nombre de – nifer o
- plusieurs – nifer o, sawl
- plus de – mwy na, mwy o
- moins de – llai na, llai o
- beaucoup de – llawer o
- la moitié de – hanner

Écoute ce reportage sur l'organisation « Opération Enfant Noël » et trouve les cinq phrases vraies.

1. L'Opération Enfant Noël n'est que pour les enfants affectés par la guerre.
2. En France on a collecté 11 000 cadeaux.
3. En Suisse on a collecté 11 000 cadeaux.
4. La dernière date pour donner des cadeaux est en novembre.
5. Il y a cent endroits de collecte.
6. Il y aura cent cinquante endroits de collecte.
7. On peut mettre du chocolat et des bonbons dans les cartons.
8. On peut mettre des jouets dans les cartons.
9. On peut mettre des livres avec des mots dans les cartons.
10. Vous pouvez donner des cadeaux aux adolescents.

Cyfieithwch y ddwy frawddeg olaf i'r Gymraeg.

DARLLEN

Darllenwch yr hysbyseb hon gan yr elusen UNICEF France ac atebwch y cwestiynau yn Gymraeg.

Est-ce que tu es lycéen(ne) ?

As-tu entre seize à dix-huit ans ?

Est-ce que tu veux changer des choses ?

Nous avons mille jeunes Ambassadeurs en France qui aident L'UNICEF et les enfants défavorisés autour du monde. Si tu penses que tu peux nous aider, contacte nous par le site web, www.unicef.fr.

1. Beth yw'r **tri** chwestiwn sy'n cael eu gofyn?
2. Faint o lysgenhadon ifanc sydd gan UNICEF France?
3. Pwy sy'n cael cymorth gan yr elusen?
4. Sut gallwch chi wneud cais i fod yn llysgennad?

GWRANDO

Gwrandewch ar y sgwrs rhwng dau ddisgybl, Jacques a Sylvie. Atebwch y cwestiynau yn Gymraeg.

1. I bwy mae'r disgyblion eisiau codi arian?
2. Pam mae Sylvie eisiau codi arian iddyn nhw?
3. Beth maen nhw'n mynd i'w drefnu?
4. Beth bydd Jacques yn ei drefnu?
5. Beth fydd gan Jacques ar gyfer y digwyddiad?
6. Beth fydd gan Sylvie?
7. Pwy sy'n gorfod rhoi caniatâd iddyn nhw?

YSGRIFENNU

Dessine un dépliant pour un événement caritatif dans ton collège. Il faut inclure :

- Le nom de l'organisation caritative et les raisons du choix.
- Détails de l'événement.
- Ce que tes camarades de classe peuvent faire pour aider.

Ar yr olwg gyntaf, gallai tasg ysgrifennu ar faterion cymdeithasol ymddangos yn fwy anodd na rhai o'r is-themâu eraill. Yn debyg i'r amgylchedd, bydd angen i chi ddysgu geirfa pwnc-benodol, ond ar wahân i hyn mae'r disgwyliadau ohonoch yr un peth â'r hyn a ddisgwylir yn achos yr is-themâu eraill i gyd. Mewn geiriau eraill, mae angen i chi fynegi *barn* a chyfeirio at ddigwyddiadau yn y *gorffennol*, y *presennol* a'r *dyfodol*.

Ceisiwch ysgrifennu brawddegau estynedig gan ddefnyddio cysyllteiriau. Gallwch gyfuno mwy nag un amser mewn brawddeg a gallwch amrywio'r eirfa y byddwch yn ei defnyddio i fynegi barn. Wrth adolygu'r is-thema hon, gallai fod yn ddefnyddiol i chi feddwl am sut gallech wneud y canlynol:

- Mynegi pa broblemau cymdeithasol sy'n eich poeni a pham.
- Trafod elusen rydych chi'n ei chefnogi a beth mae'n ei wneud.
- Siarad am rywbeth yn y gorffennol e.e. digwyddiad elusennol y buoch chi ynddo.
- Dweud beth rydych chi'n ei wneud ar hyn o bryd i gefnogi elusennau.
- Siarad am ddigwyddiad yn y dyfodol e.e. sêl deisennau y byddwch chi'n ei threfnu, digwyddiad codi arian y byddwch yn ei fynychu, eich cynlluniau i wirfoddoli.
- Dweud sut gall pobl ifanc helpu neu beth dylai pobl ei wneud i helpu.

DARLLEN

Lis les renseignements pour une soirée caritative. Choisis la bonne réponse.

Soirée caritative pour les handicapés mentaux à Aix-en-Provence, le vingt décembre à vingt heures.

Venez acheter du matériel sportif des vedettes de sport. Venez nombreux !

Vous pouvez acheter des billets à l'avance de la soirée ou à la caisse du centre sportif.

Il y aura des jeux pour enfants et des démonstrations de danse, de gymnastique, de musculation et de natation.

L'année dernière nous avons gagné deux mille euros. La cible cette année est le double !

1. La date de la soirée est le…
   a. 12 décembre
   b. 20 décembre
   c. 21 décembre
2. La soirée commence à…
   a. 19h00
   b. 20h00
   c. 21h00
3. On peut acheter…

a.

b.

c.

4. On peut acheter les billets au…

a.   b.   c.

5. On peut voir une démonstration à…

a.

b.

c.

6. L'an dernier l'organisation a gagné…
   a. 200 €
   b. 250 €
   c. 2 000 €

SIARAD

Chwarae rôl
- Dywedwch beth yw eich hoff elusen a pham
- Dywedwch beth wnaethoch chi i godi arian yn yr ysgol llynedd
- Gofynnwch i'ch ffrind a yw ef/hi yn rhoi arian i elusennau
- Disgrifiwch ddigwyddiad elusennol y byddwch chi'n mynd iddo
- Dywedwch beth yw'r prif fater cymdeithasol sy'n eich poeni
- Gofynnwch gwestiwn am fater cymdeithasol i'ch ffrind

affamé(e)	llwglyd
l'aide humanitaire	cymorth dyngarol
aider	helpu
annuler	dileu/canslo
blessé(e)	wedi cael anaf
bruyant(e)	swnllyd, uchel
une campagne	ymgyrch
une charité	elusen
le commerce équitable	masnach deg
diminuer	lleihau
l'eau potable	dŵr yfed
la faim	newyn/llwgu
une forêt pluviale/tropicale	coedwig law/drofannol
les gens	pobl
le gouvernement	llywodraeth
grave	difrifol
la guerre	rhyfel
une inondation	llifogydd
une incendie	tân
HLM	fflatiau'r cyngor
une maladie	clefyd
une manifestation	gwrthdystiad, protest
le monde	y byd
mondial(e)	byd-eang
mourir	marw
mort(e)	wedi marw
un organisme de charité	sefydliad elusennol
un ouragan	corwynt
la pauvreté	tlodi
la planète	planed
le problème des sans-abri	problem digartrefedd
les produits du commerce équitable	nwyddau masnach deg

propre	glân
protéger	diogelu
les ressources	adnoddau
les ressources naturelles	adnoddau naturiol
ralentir	arafu
renverser	dymchwel, bwrw i lawr
sale	brwnt
sans abri	digartref
sans courant	heb drydan
les SDF	y digartref
la santé	iechyd
une sécheresse	sychder
un séisme	daeargryn
soutenir	cefnogi
le soutien	cefnogaeth
subventionner	rhoi cymhorthdal
survivre	goroesi
un témoin	tyst
le travail bénévole/caritatif	gwaith gwirfoddol/elusennol
un tremblement de terre	daeargryn
un(e) voisin(e)	cymydog
vivre	byw
voler	dwyn

GRAMADEG YN EI GYD-DESTUN

GRAMADEG

1. RHAGENWAU AMHENDANT

Cyfieithwch y brawddegau canlynol i'r Gymraeg.

1. Quelqu'un a laissé le robinet ouvert.
2. J'ai mangé quelque chose de nouveau.
3. Quelque part dans le monde.
4. Tout le monde doit recycler.
5. Personne ne veut recycler.

> Edrychwch ar dudalen 217 i adolygu eich rhagenwau amhendant.

2. Y GODDEFOL

Cyfieithwch y brawddegau canlynol i'r Gymraeg.

1. L'eau était polluée.
2. Les oiseaux sont tués.
3. Le papier est recyclé.
4. Le dîner a été mangé.
5. Le recyclage est fait.

> Mae'r goddefol yn defnyddio'r ferf **être** (bod) gyda rhangymeriad gorffennol y ferf. Mae'n cael ei ddefnyddio i ddweud beth sydd wedi cael ei wneud i rywun neu rywbeth.

3. *DEPUIS*

Cyfieithwch y brawddegau canlynol i'r Ffrangeg.

1. Rydw i wedi bod yn dysgu Ffrangeg ers pum mlynedd.
2. Mae ef wedi bod yma ers wythnos.
3. Roedd ef wedi bod yn byw yn Sbaen ers chwe mis.
4. Roedden nhw wedi bod yn ailgylchu ers deng mlynedd.
5. Roedd y ffatri wedi bod yn llygru'r afon ers ugain mlynedd.

> Gallwch ddefnyddio **depuis** gyda'r amser presennol i olygu 'wedi bod' a gyda'r amser amherffaith i olygu 'oedd wedi bod'. I adolygu'r amserau presennol ac amherffaith, defnyddiwch y tablau berfau ar dudalennau 224–240.

4. BERFAU DEFNYDDIOL

Mae'r rhain yn ferfau defnyddiol ar gyfer siarad am yr amgylchedd a materion cymdeithasol. Beth maen nhw'n ei olygu? Ysgrifennwch frawddeg gan ddefnyddio pob un.

- subventionner
- aider
- protéger
- provoquer
- réduire
- endommager
- ralentir
- soutenir

> Ceisiwch ddefnyddio amser gwahanol ar gyfer pob brawddeg ac amrywio eich iaith. Defnyddiwch eich tablau berfau i'ch helpu – edrychwch ar dudalennau 224–240.

5. ADOLYGU AMSERAU 'R FERF

Nodwch yr amser sy'n cael ei ddefnyddio ym mhob brawddeg, yna cyfieithwch y frawddeg i'r Gymraeg.

1. Nous faisons beaucoup de choses pour améliorer l'environnement.
2. Mes copains ont donné leur argent de poche à l'organisation.
3. Alex avait acheté des produits de commerce équitable.
4. Mon père aimerait une voiture électrique.
5. Dans le passé nous étions moins responsables.
6. Je ferai plus de choses pour aider les autres.

> Rhaid i chi ddefnyddio amrywiaeth o amserau yn eich Ffrangeg ysgrifenedig a llafar. Defnyddiwch eich tablau berfau i'ch helpu wrth gynllunio eich gwaith.

6. DEFNYDDIO AMRYWIAETH O ANSODDEIRIAU

Ysgrifennwch frawddeg am yr amgylchedd neu faterion cymdeithasol gan ddefnyddio pob un o'r ansoddeiriau canlynol. Cofiwch wneud i'r ansoddeiriau gytuno â'r enw maen nhw'n ei ddisgrifio. Ceisiwch ddefnyddio amser gwahanol ym mhob brawddeg os gallwch wneud hynny.

- mondial
- dangereux
- nocif
- grave
- sec
- inquiétant

> Cofiwch fod y rhan fwyaf o ansoddeiriau yn dilyn yr enw maen nhw'n ei ddisgrifio. Ceisiwch ddefnyddio amrywiaeth eang o ansoddeiriau yn eich Ffrangeg i ychwanegu manylion. Edrychwch ar dudalen 210 am fwy o wybodaeth.

THEMA: ASTUDIAETH GYFREDOL, ASTUDIAETH YN Y DYFODOL A CHYFLOGAETH

UNED 3

MENTER, CYFLOGADWYEDD A CHYNLLUNIAU AR GYFER Y DYFODOL

DARLLEN

Darllenwch y cyngor isod am greu CV. Atebwch y cwestiynau.

Le CV est votre résumé et un premier pas dans la recherche d'un travail. Alors il est important de rédiger un CV sans fautes. Voici quelques conseils:

1. Le CV est factuel. Le style de votre CV doit être unique et clair.
2. Quand vous tapez votre CV à l'ordinateur, n'utilisez pas la police ennuyeuse Times parce que tout le monde l'utilise. Il vaut mieux utiliser Arial ou Verdana.
3. Beaucoup de candidats utilisent la taille de police 12. Aujourd'hui, le plus petit est le mieux ! Il est à la mode d'utiliser des tailles plus petites comme le 8.
4. Il ne doit pas y avoir de fautes d'orthographe.
5. Il ne faut pas mentir.
6. N'écrivez pas plus de deux pages !

Pa rif (1–6) sy'n cynghori …

a. na ddylai CV gael unrhyw gamgymeriadau?
b. y dylai CV fod mewn ffont bach?
c. y dylai CV fod yn glir?
ch. na ddylai CV fod mewn arddull tebyg i arddull pawb arall?
d. y dylai CV roi'r ffeithiau?
dd. na ddylai CV ddweud celwydd?
e. na ddylai CV fod yn rhy hir?
f. y dylai CV fod yn wreiddiol?
ff. y dylai CV gynnwys sillafu cywir?

SIARAD

Llun ar gerdyn

- Décris cette photo/Qu'est-ce qui se passe sur cette photo ?
- Préfères-tu étudier seul(e) ou avec un(e) camarade de classe ?
- Qu'est-ce que tu veux faire/étudier l'année prochaine ?
- Que feras-tu pour te préparer à un entretien d'embauche ?
- Le lycée ne te prépare pas bien pour l'avenir. Qu'en penses-tu ?

DARLLEN

Darllenwch yr erthygl papur newydd isod. Cwblhewch y grid yn Gymraeg.

Un forum pour trouver un job bénévole

Mardi prochain sera la troisième édition du forum des jobs bénévoles en Bretagne.

L'an dernier le forum a eu beaucoup de succès et c'est pourquoi on l'a répété cette année.

Plus de 150 jeunes et une vingtaine d'employeurs y sont venus l'année dernière. Les jeunes et les employeurs étaient plus que satisfaits du forum. Les jeunes ont eu des entretiens directement sans le stress.

Cette année, seize employeurs seront présents au forum.

Les jeunes peuvent venir dès l'âge de 16 ans. Pour postuler aux emplois bénévoles, ils doivent apporter un CV et une lettre de motivation. Ils pourront aussi recevoir des informations sur l'orientation et l'emploi.

Le forum a lieu mardi 14 avril, de 14h30 à 17h.

Diwrnod y fforwm:	
Y math o waith sydd ar gael:	
Nifer y cyflogwyr oedd yn bresennol llynedd	
Nifer y cyflogwyr eleni	
Dogfennau y bydd angen i'r bobl ifanc fynd â nhw i'r fforwm	

GWRANDO

Écoute les sept jeunes qui parlent de l'avenir. Choisis un emploi pour chacun – c'est à toi de décider. Donne une raison pour ton choix.

Jamie

Laure

Lily

Georges

André

Sophie

Guillaume

YSGRIFENNU

Écris une lettre de motivation en français pour un petit job. Il faut inclure :

- Où tu as vu l'annonce
- Tes compétences
- Tes qualifications
- Pourquoi tu veux faire ce travail

GRAMADEG

Ymadroddion defnyddiol

Wrth wneud cais am swydd, byddwch yn defnyddio iaith berswâd yn bennaf a byddwch eisiau gofyn cwestiynau hefyd. Dyma rai ymadroddion yn Ffrangeg a fydd yn eich helpu.

Mynegi gobaith:

- J'espère que... – Rwy'n gobeithio bod
- Je l'espère bien – Rwy'n gobeithio'n fawr

Gofyn am/rhoi gwybodaeth:

- Pourriez-vous me dire... ? – Allech chi ddweud wrthyf i ...?
- Y a-t-il... ? – Oes yna ...?
- À quelle heure...? – Faint o'r gloch ...?

Mynegi bwriad:

- Je vais + berfenw – Rwy'n mynd i
- J'ai l'intention de – Rwy'n bwriadu

Mynegi diddordeb:

- Je m'intéresse beaucoup à – Mae diddordeb mawr gen i yn/mewn
- Je me passionne pour – Rwy'n frwd dros

DARLLEN

Lis l'annonce pour une école de BTS. Réponds aux questions.

> Renseignez-vous à la soirée d'orientation.
>
> Venez discuter avec nos étudiants.
>
> 261 Rue de la Tour, 75014 Paris.
>
> Tous les vendredis de mars.

a. BTS Force de Vente – spécialisation automobile
b. BTS Force de Vente – spécialisation produits bancaires et financiers
c. BTS Commerce International
ch. BTS Informatique et gestion
d. BTS Secrétariat trilingue
dd. BTS Tourisme, Loisirs
e. BTS Hôtellerie, restauration
f. BTS Opticien, Lunetier
ff. BTS Imagerie Médicale et Radiologie Thérapeutique

Quel diplôme BTS choisiras-tu si tu...

1. veux travailler à l'hôpital?
2. veux parler trois langues?
3. veux travailler à l'étranger?
4. veux vendre des voitures?
5. veux travailler dans un centre sportif?
6. veux faire les études des yeux?
7. veux travailler comme chef de cuisine?
8. aimes les maths?
9. aimes les ordinateurs?

YCHWANEGOL

Cyfieithwch linellau 1, 2 a 4 o'r hysbyseb uchod i'r Gymraeg.

DARLLEN

Darllenwch y detholiad hwn o'r nofel *Stupeur et tremblements* gan Amélie Nothomb. Atebwch y cwestiynau yn Gymraeg.

Monsieur Saito ne me demandait plus d'écrire des lettres à Adam Johnson, ni à personne d'autre. D'ailleurs, il ne me demandait rien, sauf de lui apporter des tasses de café.

Rien n'était plus normal, quand on débutait dans une compagnie... J'ai pris ce rôle très au sérieux.

Très vite, j'ai connu les habitudes de chacun: pour monsieur Saito, dès huit heures trente, un café noir. Pour monsieur Unaji, un café au lait, deux sucres, à dix heures. Pour monsieur Mizuno, un gobelet de Coca par heure. Pour monsieur Okada, à dix-sept heures, un thé anglais avec un nuage de lait. Pour Fubuki, un thé vert à neuf heures, un café noir à douze heures, un thé vert à quinze heures et un dernier café noir à dix-neuf heures – Fubuki me remerciait à chaque fois avec une politesse charmante.

1. Beth gofynnodd Monsieur Saito i'r awdur ei wneud yn gyntaf?
2. Beth oedd yr ail dasg y gofynnwyd i'r awdur ei wneud?
3. Ers pryd roedd yr awdur wedi gweithio i'r cwmni?
4. Beth oedd agwedd yr awdur at y swydd?
5. Am faint o'r gloch roedd Monsieur Saito yn hoffi cael ei goffi?
6. Beth roedd Monsieur Unaji yn ei yfed?
7. Beth roedd Fubuki yn ei yfed?
8. Pa fath o berson oedd Fubuki?

YSGRIFENNU

Cyfieithwch y paragraff i'r Ffrangeg:
Rydw i wedi gweithio'n galed iawn yn yr ysgol eleni. Hoffwn ddychwelyd i flwyddyn 12 ym mis Medi. Rwy'n gobeithio astudio Sbaeneg, Ffrangeg a Chymraeg. Mewn dwy flynedd, hoffwn fynd i'r brifysgol a byddwn hefyd yn hoffi astudio dramor.

GWRANDO

Gwrandewch ar y wybodaeth am gwrs. Atebwch y cwestiynau yn Gymraeg.

1. Ym mha flwyddyn ysgol gallwch chi astudio'r cwrs hwn?
2. Enwch **ddau** fan lle gallech weithio ar ôl astudio ar y cwrs.
3. Ym mha flwyddyn ysgol byddech chi wedi arbenigo yn eich pynciau?
4. Enwch **dri** phwnc gallwch chi eu hastudio ochr yn ochr â'r cwrs.
5. Beth mae'n rhaid i chi ei gael os ydych eisiau gweithio yn y diwydiant gwestai?
6. Beth byddwch chi'n ei wneud am wyth wythnos o'r cwrs?

GRAMADEG

Mynegi barn

- Pour moi, À mon avis, Selon moi, Pour ma part – Yn fy marn i
- Je pense que, Je crois que – Rwy'n credu bod
- Je trouve que –Rwy'n ffeindio bod
- Il semble que – Mae'n debyg bod

SIARAD

Sgwrs

- Est-ce que tu veux continuer tes études l'année prochaine ? Pourquoi ?
- Que veux-tu faire plus tard dans la vie comme travail ?
- Est-ce que tu veux aller à l'université ? Pourquoi (pas) ?
- Pourquoi as-tu choisi tes matières ?
- Les écoles préparent les jeunes pour le travail. Qu'en penses-tu ?
- Quelles sont tes compétences pour le travail ?

DARLLEN

Cyfieithwch y brawddegau canlynol i'r Gymraeg:

1. Je ne sais pas exactement ce que je vais étudier.
2. À mon avis, les sciences sont importantes.
3. La chimie et les maths sont des matières qui vont très bien ensemble.
4. Il va falloir que je travaille très dur.
5. Si j'ai de bonnes notes je continuerai mes études de commerce.

DARLLEN

Darllenwch y cwestiynau canlynol a ofynnwyd mewn cyfweliad. Atebwch y cwestiynau.

a. Voulez-vous me parler de vous ?

b. Quels sont vos points forts ?

c. Quels sont vos points faibles ?

ch. Avez-vous des questions à me poser ?

d. Que savez-vous de notre organisation ?

dd. Que pensez-vous de la dernière entreprise pour laquelle vous avez travaillé ?

e. Aimez-vous travailler en équipe ?

f. Que faites-vous pendant vos loisirs ?

Pa gwestiwn fyddai'n cael ei ofyn …

1. i gael gwybod am eich cryfderau?
2. i gael gwybod am beth rydych chi'n ei wybod am y cwmni?
3. i gael gwybod am eich hobïau?
4. i weld a ydych wedi paratoi unrhyw gwestiynau?
5. i gael gwybod beth rydych chi'n ei feddwl am y cwmni diwethaf y buoch chi'n gweithio iddo?
6. i gael gwybod am eich gwendidau?
7. i gael gwybod a ydych yn chwaraewr tîm?
8. i gael gwybodaeth gyffredinol amdanoch chi?

DARLLEN

Lis le texte au sujet des entretiens d'embauche. Remplis les blancs.

Pendant un entretien vous allez (1) _____ à beaucoup de questions. Vous (2) _____ être toujours honnête et il ne (3) _____ absolument pas mentir ! Quand vous (4) _____ aux questions, il faut être clair et (5) _____.

Quand on travaille pour (6) _____ organisation, il est important d'être (7) _____ de travailler en (8) _____. Si l'on vous demande de parler d'une (9) _____ que vous avez eue en équipe, soyez (10) _____.

Si l'on vous pose la question « Quelles sont (11) _____ passions ? » restez toujours professionnel et ne (12) _____ pas des passions intimes telles que cuisiner avec (13) _____ ou votre collection de cartes de football. L'idée est que vous faites une image (14) _____.

Si l'on (15) _____ pose une question au sujet de vos points (16) _____ ou de vos points faibles, donnez six (17) _____ positifs et négatifs et ne parlez pas trop (18) _____ au sujet de vos faiblesses.

adjectives	forts	précis
capable	longtemps	répondez
devez	mamie	répondre
équipe	partagez	une
expérience	positif	vos
faut	positive	vous

SIARAD

Chwarae rôl

- Dywedwch beth rydych chi'n hoffi ei astudio ar hyn o bryd
- Dywedwch beth byddwch chi'n ei astudio y flwyddyn nesaf
- Dywedwch beth wnaethoch chi yn ddiweddar i gyfrannu at fywyd ysgol
- Gofynnwch i'ch ffrind beth mae ef/hi yn hoffi ei astudio
- Gofynnwch i'ch ffrind beth mae ef/hi yn ei feddwl am astudiaethau ôl-16
- Rhowch eich barn am bwysigrwydd cymwysterau

GWRANDO

Gwrandewch ar y cyfweliad hwn ar gyfer swydd ran amser. Atebwch y cwestiynau yn Gymraeg.

1. Gyda phwy mae Magali wedi cael profiad o weithio?
2. Beth oedd ei swydd flaenorol hi?
3. Ar ba ddyddiau roedd hi'n gweithio?
4. Ar ba adeg o'r flwyddyn aeth hi i Sbaen?
5. Pam aeth hi i Sbaen?
6. Gyda pha grŵp oedran roedd hi'n gweithio?
7. Beth wnaeth hi fel rhan o'i swydd?
8. Yn ei barn hi, beth sy'n bwysig mewn swydd?
9. Pa gwestiwn mae Magali yn ei ofyn?

YSGRIFENNU

Prépare des réponses pour un entretien. Voici les questions :

- Pouvez-vous me parler de vous et de vos centres d'intérêt ?
- Quels sont vos points forts ?
- Que faites-vous pendant vos heures libres ?

Pan fydd cyfweliad gennych, bydd angen i chi roi enghreifftiau'n aml ac egluro'r pwyntiau rydych yn eu gwneud. Mae'r ymadroddion canlynol yn Ffrangeg yn ddefnyddiol.

Egluro pwyntiau:
- par exemple – er enghraifft
- comme – fel
- tel/telle que – fel, megis
- quant à – ynghylch, o ran
- en ce qui concerne – cyn belled ag y mae ...... dan sylw
- prenons... comme exemple – beth am gymryd ... fel enghraifft
- il est évident que – mae'n amlwg bod

l'adresse	cyfeiriad
l'âge	oed
un curriculum vitae	curriculum vitae
la date de naissance	dyddiad geni
la formation	hyfforddiant
le lieu de naissance	man geni
le lieu de résidence	cartref
le nom	cyfenw
le numéro de téléphone	rhif ffôn
le prénom	enw cyntaf
la référence	geirda
aider	helpu
aimer	hoffi
une année sabbatique	blwyddyn allan
un apprentissage	prentisiaeth
arranger	trefnu
assister à	mynychu
avoir l'intention de	bwriadu
le Bac	y fagloriaeth (arholiad gadael ysgol yn Ffrainc)
choisir	dewis
un choix	dewis
le conseil d'orientation	cyngor gyrfaoedd
conseiller	cynghori
le conseilleur d'orientation	ymgynghorydd gyrfaoedd
continuer	parhau
un cours	cwrs; gwers
décider	penderfynu
les diplômes	cymwysterau
un diplôme	tystysgrif, cymhwyster

un entretien (d'embauche)	cyfweliad (am swydd)
les études	astudiaethau
un(e) étudiant(e)	myfyriwr
étudier	astudio
une fiche	ffurflen (i'w llenwi)
une fiche d'enregistrement	ffurflen gofrestru
la formation	hyfforddiant
un formulaire de demande d'emploi	ffurflen gais
une lettre	llythyr
le lycée	ysgol uwchradd
une matière optionnelle	pwnc dewisol
une matière obligatoire	pwnc gorfodol
un objectif	nod
à plein temps	llawn amser
poser sa candidature	cynnig am swydd
la première	Blwyddyn 12 (chweched dosbarth)
un(e) professeur	athro/athrawes
les qualifications professionnelles	cymwysterau proffesiynol
quitter	gadael
la responsabilité	cyfrifoldeb
s'intéresser à	bod â diddordeb yn/mewn
le succès	llwyddiant
la terminale	Blwyddyn 13 (chweched dosbarth)
à temps partiel	rhan amser
l'université (f)	prifysgol

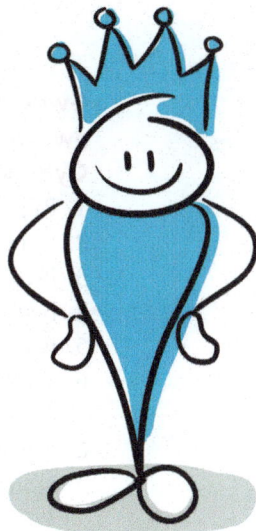

DARLLEN

Lis les phrases au sujet du monde de travail et de l'université. Décide si la phrase est un avantage pour l'université ou pour un emploi ou pour les deux.

1. Vous pouvez y étudier vos matières préférées au niveau supérieur.
2. Avoir un travail qui vous permet de gagner de l'argent.
3. Il vous prépare à être plus indépendant.
4. On peut entrer plus facilement dans le monde du travail au niveau le plus élevé.
5. On travaille plutôt seul.
6. On travaille plutôt en équipe.
7. On est en classe avec moins d'étudiants qu'au lycée.
8. On apprend la vie du travail professionnel.
9. On peut se faire de nouveaux amis.
10. On a beaucoup de temps pour sortir.

YCHWANEGOL

Cyfieithwch y brawddegau 2, 3, 5 a 6 i'r Gymraeg.

DARLLEN

Darllenwch yr erthygl am astudio dramor. Atebwch y cwestiynau yn Gymraeg.

Si on étudie l'allemand, il est possible d'étudier à l'étranger pendant qu'on est toujours au lycée. Le programme Voltaire est disponible aux élèves de troisième ou seconde. Il est permis de passer six mois de mars à août avec une famille allemande. Le principe est un échange et l'enfant allemand passe septembre à février avec une famille française. Les enfants vont à l'école avec leur partenaire d'échange.

C'est une expérience enrichissante. On peut améliorer ses compétences de langue. Il n'y a rien à payer parce que les deux familles font l'échange. En plus le transport est payé par le programme.

La seule chose négative est qu'on ne voit pas sa famille pendant six mois !

1. Pa iaith rydych chi'n ei hastudio ar y rhaglen hon?
2. Ym mha flwyddyn ysgol mae angen i chi fod i gymryd rhan?
3. Faint o amser rydych chi'n ei dreulio dramor?
4. Pa fisoedd mae plant Ffrainc yn eu treulio dramor?
5. Sut mae'r rhaglen yn gweithio?
6. Rhowch rai o fanteision y rhaglen.
7. Beth yw ochr negyddol y rhaglen?

YSGRIFENNU

Écris une lettre pour participer à un programme d'études à l'étranger. Inclus les points suivants :
- Tes connaissances et tes plans
- Les raisons pour lesquelles tu veux le faire
- Des questions

GWRANDO

Gwrandewch ar y cyhoeddiad radio am gwrs hyfforddi. Atebwch y cwestiynau yn Gymraeg.

1. Pa gwrs sy'n cael ei hysbysebu?
2. Pa mor hir yw'r cwrs?
3. Pryd mae'r cwrs yn dechrau?
4. Beth sy'n digwydd ym mis Mehefin?
5. Beth sydd ar gael ar y wefan?
6. Pryd mae'r noson agored?
7. Am faint o'r gloch mae'n dechrau?
8. Â phwy gallwch chi gwrdd yn y noson agored?

Wrth ysgrifennu llythyr i wneud cais am swydd neu gwrs, bydd angen i chi ddefnyddio iaith sy'n pwysleisio'r pwynt rydych yn ei wneud. Dyma rai ymadroddion defnyddiol.

Pwysleisio:

- par-dessus tout – yn bennaf oll
- surtout – yn enwedig
- particulièrement – yn arbennig
- en particulier – yn benodol
- en effet– yn wir
- d'ailleurs – ar ben hynny
- en fait – mewn gwirionedd

SIARAD

Llun ar gerdyn

- Décris cette photo/Qu'est-ce qui se passe sur cette photo ?
- Est-ce qu'il est important d'aller à l'université ? Pourquoi (pas) ?
- Il est difficile de trouver un bon emploi. Qu'en penses-tu ?
- Aimerais-tu travailler à l'étranger plus tard dans la vie ? Pourquoi (pas) ?
- Est-ce qu'il est important d'avoir des diplômes ou de l'expérience ?
- Pourquoi ?

Mae brawddegau defnyddiol ar gyfer llythyrau cais am swydd (lettres de motivation) yn cynnwys:

- Ayant lu votre annonce dans le journal au sujet du poste de... – Ar ôl darllen eich hysbyseb yn y papur newydd am y swydd …

Edrychwch ar yr adran a danlinellwyd yn y frawddeg gyntaf uchod. 'Ayant' yw rhangymeriad presennol y ferf 'avoir' ac yn aml mae'n ffordd dda o agor llythyr cais.

- J'ai déjà eu des expériences de... – Rydw i eisoes wedi cael profiad o …
- Je voudrais travailler parce que... – Hoffwn weithio oherwydd …
- Je m'intéresse surtout à ce poste – Mae gen i ddiddordeb arbennig yn y swydd hon
- Vous trouverez ci-joint mon CV – Mae fy CV ynghlwm

Mae'r brawddegau hyn yn dangos eich gallu i ddefnyddio amserau.

DARLLEN

Darllenwch y detholiad hwn o arolwg o bobl ifanc. Atebwch y cwestiynau yn Gymraeg.

Des jeunes de lycée ont fait un sondage sur le travail. On leur a posé la question: Qu'est-ce qu'il est important de chercher dans un emploi ? Voici les réponses:

a. Intérêt du travail – soixante-dix pour cent
b. Sécurité d'emploi – quarante-trois pour cent
c. Conditions de travail – vingt-six pour cent
ch. Les vacances – dix-neuf pour cent
d. Relations personnelles– dix-sept pour cent
dd. Le salaire – quinze pour cent

En conclusion la qualité de vie est plus importante pour les jeunes d'aujourd'hui que les finances.

Pa ganran o bobl ifanc sy'n meddwl bod ...

1. gwyliau yn bwysig?
2. diogelwch swydd yn bwysig?
3. cyflog yn bwysig?
4. amodau gwaith yn bwysig?
5. diddordeb yn y gwaith yn bwysig?
6. perthnasoedd personol yn bwysig?
7. Beth mae pobl ifanc yn ei ystyried yw'r agwedd bwysicaf wrth chwilio am swydd?

Lis le texte au sujet du travail en France pour les étudiants étrangers. Puis trouve les cinq phrases vraies.

Un étudiant étranger a le droit de travailler en France pendant ses études. Les emplois disponibles sont par exemple ; des assistants dans les lycées, travailler pour une entreprise, travailler comme au pair ou être moniteur de sport. Quelques étudiants qui étudient la médecine passent leur année sabbatique dans un hôpital en France.

Un étudiant étranger peut travailler neuf cent soixante-quatre heures pendant l'année. En plus, on peut profiter du salaire minimum du 9,61 € par heure.

Il est important d'avoir les documents nécessaires. Il y a un document pour entrer en France et un autre document pour résider en France.

Il est aussi possible d'étudier en même temps que de travailler, si l'on veut.

1. Il faut travailler en France si on est étudiant étranger.
2. On peut travailler en France si l'on est étudiant étranger.
3. Parmi le choix d'emplois on peut travailler dans une école.
4. Parmi le choix d'emplois on peut garder des enfants en famille.
5. Parmi le choix d'emplois on peut avoir sa propre entreprise.
6. On peut passer plus d'un an à travailler en France pendant qu'on est étudiant.
7. Si on veut être médecin il faut travailler en France.
8. Un étudiant ne peut pas travailler plus de 964 heures par an.
9. Un étudiant peut travailler 974 heures par an.
10. Il faut avoir les documents corrects.

Pendant – am/yn ystod

Yn Ffrangeg, mae 'pendant' yn cael ei ddefnyddio wrth siarad am weithgaredd sydd wedi digwydd (gorffennol).

Mae'r amser perffaith yn cael ei ddefnyddio yma e.e. J'ai travaillé comme au pair pendant un an (Gweithias fel *au pair* am flwyddyn).

Gwrandewch ar yr adroddiad am fod yn *au pair* yn Ffrainc. Atebwch y cwestiynau yn Gymraeg.

1. Beth yw **dau** brif ddyletswydd *au pair*?
2. Beth yw prif fantais y swydd?
3. Am beth mae'n rhaid i chi fod yn ofalus?
4. Beth sy'n bwysig i chi ei wneud cyn i chi ddechrau gweithio?
5. Beth na allwch ei wneud fel *au pair* yn Ffrainc?
6. Beth yw'r cyfnod lleiaf ar gyfer gweithio fel *au pair*?
7. Rhowch **dair** tasg y byddai disgwyl i *au pair* eu gwneud.

Sgwrs

- Que veux-tu faire plus tard dans la vie ?
- Veux-tu aller à l'université ? Pourquoi (pas) ?
- Quels sont les emplois les plus populaires à ton avis ? Pourquoi ?
- As-tu déjà travaillé ?
- Que feras-tu dans dix ans ?
- Quels sont les avantages de travailler ?

Cyfieithwch y brawddegau canlynol i'r Ffrangeg:

Hoffet ti weithio dramor? Hoffwn, efallai treuliaf i flwyddyn yn Ffrainc fel cynorthwyydd mewn ysgol. Dydw i ddim eisiau bod yn athro ond rwy'n hoffi gweithio gyda phlant. Mae gwir angen i mi wella fy sgiliau iaith.

9B CYNLLUNIAU GYRFA (3)

DARLLEN

Darllenwch beth mae'r bobl ifanc hyn yn bwriadu ei wneud yn y dyfodol. Atebwch y cwestiynau.

Annie : L'année prochaine, j'étudierai quatre matières. Je sais que je vais poursuivre mes études en biologie et en chimie mais pour les autres je n'ai pas encore décidé.

Germaine : Si j'obtiens de bonnes notes, j'irai à l'université. Après avoir fait une année sabbatique.

Hervé : Les voyages me passionnent et j'ai de la chance parce que l'année prochaine j'irai rendre visite à ma famille en Thaïlande avant de travailler comme cuisinier.

Régis : À l'avenir je vais continuer d'étudier les langues à l'université. Je voudrais étudier l'espagnol et l'italien.

Thierry : Je voudrais aller à l'université de Lyon, mais cela dépendra de mes résultats.

Paul : Je chercherai un travail bien payé car à mon avis le salaire est très important.

Pwy ... (efallai bydd mwy nag un ateb)

1. fydd yn cymryd blwyddyn allan?
2. fydd yn gweithio fel cogydd?
3. sydd eisiau mynd ymlaen i addysg uwch?
4. sydd eisiau astudio ieithoedd?
5. fydd yn astudio mwy na thri phwnc?
6. sy'n meddwl bod arian yn bwysig?
7. sy'n bwriadu mynd i weithio?
8. sy'n bwriadu teithio?

DARLLEN

Darllenwch y detholiad sydd wedi'i addasu o'r nofel *Désolée, je suis attendue* gan Agnès Martin-Lugand. Atebwch y cwestiynau yn Gymraeg.

Enfin... plus que quelques minutes et c'étaient les vacances. Et surtout je pourrais enfin me lancer dans la préparation de mon grand projet, dont je n'avais encore parlé à personne. Je voulais prendre une année sabbatique et voyager aux quatre coins du monde, sac au dos, avant de me trouver dans la vie professionnelle. J'avais envie de voir des pays, de rencontrer des gens, de profiter de la vie et surtout de m'amuser. À dix-huit heures, après avoir récupéré la lettre d'attestation du stage signée auprès de la secrétaire frustrée du patron, j'étais prête à partir. Je faisais un dernier tour de mon placard, et j'ai pris quelques stylos et un bloc-notes.

1. Beth fyddai'n dechrau mewn rhai munudau?
2. Beth yw cynllun mawr yr awdur?
3. Ble mae hi eisiau mynd?
4. Beth bydd hi'n ei gario?
5. Beth yw'r prif reswm dros ei chynllun?
6. Am faint o'r gloch cafodd hi ei llythyr?
7. Beth wnaeth hi yn union cyn gadael?

DARLLEN

Cyfieithwch y brawddegau canlynol i'r Gymraeg:

Plus tard dans la vie je voudrais être pilote parce que je m'intéresse aux avions. Avant cela j'aimerais voyager en Australie car j'ai de la famille là-bas. Il faut que je gagne un peu d'argent avant de partir. J'ai l'intention de trouver un petit job d'été.

SIARAD

Chwarae rôl

- Dywedwch pa fath o waith sydd o ddiddordeb i chi
- Dywedwch pam dewisoch chi eich pynciau
- Dywedwch a ydych yn meddwl bod prifysgol yn bwysig a pham
- Gofynnwch i'ch ffrind am ei gynlluniau/ei chynlluniau ar gyfer y dyfodol
- Dywedwch ble byddech chi'n hoffi gweithio yn y dyfodol
- Gofynnwch gwestiwn am y brifysgol i'ch ffrind

GRAMADEG

Brawddegau cynlluniau ar gyfer y dyfodol

Ynghyd â defnyddio'r amser dyfodol, dyma rai brawddegau defnyddiol ar gyfer trafod eich dyfodol.

- Après avoir/être + rhangymeriad gorffennol – ar ôl gwneud rhywbeth
- Avant de + berfenw – cyn gwneud rhywbeth
- Tout d'abord – yn gyntaf oll
- Premièrement, deuxièmemement – yn gyntaf, yn ail
- Plus tard – yn ddiweddarach
- Pendant que – tra

GWRANDO

Écoute ses jeunes qui parlent de leurs projets d'avenir. Réponds aux questions. Qui... (il y aura plusieurs possibilités) – Yvette, Marcel, Tatiana, Nina ou Gaston –

1. Veut aller à l'université ?
2. Veut parler des langues étrangères ?
3. Veut voyager ?
4. Veut travailler pour une organisation caritative ?
5. Veut vivre en France ?
6. Fait son bac ?

YSGRIFENNU

Écris un paragraphe au sujet de tes projets d'avenir. Inclus les points suivants, en donnant des raisons :

- Où tu voudrais habiter
- Ce que tu veux faire comme travail
- Tes projets personnels

un agent de police	plismon
un atelier	gweithdy
au chômage	yn ddi-waith
l'avenir	dyfodol
le babysitting	gwarchod plant
un boucher/une bouchère	cigydd
un boulanger/une boulangère	pobydd
un bureau	swyddfa
le but	nod
un charpentier	saer
cherchant du travail	chwilio am waith
le client/la cliente	cwsmer
un coiffeur/une coiffeuse	triniwr gwallt
le commerce	busnes
une compagnie	cwmni
un conducteur de poids lourds	gyrrwr lorri HGV
un(e) dentiste	deintydd
un dessinateur/dessinatrice graphique	dylunydd graffig
devenir	dod yn
un(e) dirigeant(e)	rheolwr/rheolwraig
un électricien/une électricienne	trydanwr/trydanwraig
un emploi	swydd
un emploi à temps partiel	swydd ran amser
employé(e)	cyflogedig
un employé/une employée	gweithiwr/gweithwraig
un employeur	cyflogwr
une entreprise	cwmni
un enseignant/une enseignante	athro/athrawes
espérer	gobeithio
un facteur/une factrice	postmon
une femme au foyer	gwraig tŷ
une femme de ménage	glanhawraig
un fermier/une fermière	ffermwr
un fonctionnaire	gwas sifil

gagner	ennill
un gendarme	plismon
une hôtesse de l'air	stiwardes (awyren)
un infirmier/une infirmière	nyrs
un ingénieur/une ingénieure	peiriannydd
un instituteur/une institutrice	athro/athrawes ysgol gynradd
un(e) journaliste	newyddiadurwr/newyddiadurwraig
un lieu de travail	gweithle
livrer	dosbarthu
un maçon	adeiladwr
un magasin	siop
un marchand/une marchande	masnachwr/masnachwraig
un mécanicien/une mécanicienne	mecanig
un(e) médecin	doctor
un menuisier/une menuisière	saer
un métier	swydd, crefft
payer	talu
un plombier	plymwr
une policière	plismones
un pompier	dyn tân
poser sa candidature	ymgeisio am
un(e) professeur	athro/athrawes
le programmeur/la programmeuse	rhaglennydd
recevoir	derbyn
répondre	ateb
une rêve	breuddwyd
le salaire	cyflog
un(e) secrétaire	ysgrifenydd(es)
un serveur/une serveuse	gweinydd/gweinyddes
un soldat	milwr
un steward	stiward (awyren)
taper	teipio
téléphoner	ffonio
le travail	gwaith
travailler	gweithio
les travaux	gwaith
une usine	ffatri
le vendeur/la vendeuse	gwerthwr/gwerthwraig
vendre	gwerthu
vouloir	eisiau
voyager	teithio

GRAMADEG

1. SIARAD AM Y DYFODOL MEWN FFYRDD GWAHANOL

Ysgrifennwch baragraff am eich dyfodol. Defnyddiwch yr holl ymadroddion amser ar y chwith i roi eich paragraff yn nhrefn amser a defnyddiwch yr holl strwythurau ar y dde o leiaf unwaith yr un. Gallwch eu defnyddio mewn unrhyw drefn.

dans l'avenir ...	vouloir + berfenw
après mes examens ...	espérer + berfenw
dans dix ans ...	avoir l'intention de + berfenw
premièrement ...	aller + berfenw
plus tard ...	amser dyfodol

Cofiwch wirio bod eich Ffrangeg yn gywir. Defnyddiwch eich tablau berfau i'ch helpu. Edrychwch ar dudalennau 224–40.

2. CYWIRDEB SYLFAENOL

Cywirch y brawddegau canlynol.

1. J'aimerait continue avec mon etude.
2. Ma frere voudrais travail a l'etranger.
3. Apres ma examen j'allerai en vacance.
4. Mon parents dit que la universite es important.
5. L'anné prochain je chercher une travaille.

Cofiwch y byddwch yn cael eich marcio am eich gwybodaeth ieithyddol a'ch cywirdeb yn eich arholiadau. Mae'n bwysig treulio amser yn gwirio pethau sylfaenol fel cenedl enwau a chytundeb ansoddeiriau.

3. EGLURO PWYNTIAU A MYNEGI BARN

Cwblhewch y brawddegau canlynol gan roi eich barn am faterion sydd yn y modiwl hwn.

1. Quant à l'université, …
2. En ce que concerne le salaire, …
3. Il est évident que le chômage …
4. À mon avis, il semble que les jeunes …

> Cofiwch amrywio'r iaith a ddefnyddiwch a chynnwys strwythurau cymhleth yn eich Ffrangeg llafar ac ysgrifenedig. Bydd angen i chi fynegi barn am yr holl bynciau rydych wedi eu hastudio.

4. YSGRIFENNU LLYTHYR CAIS

Cwblhewch y brawddegau canlynol gyda gwybodaeth addas ar gyfer cais am swydd/le yn y coleg.

1. Ayant lu…
2. J'ai déjà eu des expériences de…
3. Je voudrais étudier/travailler ici parce que…
4. Je m'intéresse surtout à ce poste parce que…

> Mae'r brawddegau hyn yn dangos eich gallu i ddefnyddio amserau gwahanol – mae'n bwysig adolygu brawddegau defnyddiol fydd yn eich helpu i ddefnyddio'r gorffennol, y presennol a'r dyfodol yn eich Ffrangeg.

5. *PENDANT* – AM/YN YSTOD

Cyfieithwch y brawddegau canlynol i'r Ffrangeg.

1. Gweithiais i mewn swyddfa am wythnos.
2. Chwaraeodd ef yn y tîm am ddwy flynedd.
3. Gweithiais i fel *au pair* am flwyddyn.
4. Astudion ni Ffrangeg am chwe blynedd.

> Yn Ffrangeg, mae **pendant** yn cael ei ddefnyddio wrth siarad am weithgaredd sydd wedi digwydd ac wedi gorffen (gorffennol).

6. ADOLYGU AMSERAU'R FERF

Atebwch y cwestiynau canlynol gan ddefnyddio'r un amser â'r cwestiwn.

1. Qu'est-ce que tu étudies en ce moment ?
2. Qu'est-ce que tu vas faire l'année prochaine ?
3. Que feras-tu après tes examens ?
4. Quel travail voudrais-tu faire dans l'avenir ?
5. Quel travail scolaire as-tu fait la semaine dernière ?
6. Quel type de travail voulais-tu faire quand tu étais plus jeune ?

> Mae angen i chi allu cyfeirio at ddigwyddiadau yn y gorffennol, y presennol a'r dyfodol yn hyderus – hyd yn oed am bynciau sy'n sôn am gynlluniau yn y dyfodol! Gwnewch yn siŵr eich bod yn treulio amser yn adolygu eich amserau.

TERMAU GRAMADEG

Mae'n bwysig deall ystyr y termau hyn oherwydd byddan nhw'n cael eu defnyddio'n rheolaidd yn ystod eich cwrs TGAU.

Ansoddeiriau: Disgrifio enwau mae ansoddeiriau. Maen nhw'n ateb y cwestiynau: *pa? pa fath o? faint o?* e.e. *mawr – grand, bach – petit, diddorol – intéressant.*

Adferfau: Mae adferfau'n disgrifio berfau (ac weithiau ansoddeiriau ac adferfau eraill). Maen nhw'n ateb y cwestiynau: *sut? pryd? ble?* e.e. *yn rheolaidd – régulièrement*

Amser: Mae hwn yn newid yn y ferf sy'n adlewyrchu newid mewn amser e.e. *gorffennol, presennol, dyfodol.*

Ansoddeiriau dangosol: Dangos neu gyfeirio at rywbeth y mae'r geiriau hyn e.e. *hwn, hon, hwnnw, honno, hyn, hynny – ce, cette, ces.*

Arddodiaid: Mae'r rhain yn eiriau sy'n helpu i ddisgrifio lleoliad rhywbeth neu'n rhoi gwybodaeth ychwanegol e.e. *yn – dans, ar – sur.*

Berfau: Geiriau gweithredu yw'r rhain sy'n gwneud rhywbeth mewn brawddeg e.e. *Je joue* – Rwy'n chwarae

Berfau afreolaidd: Berfau sydd ddim yn dilyn patrymau rheolaidd ac sydd â ffurfiau gwahanol. Fel arfer mae'n rhaid dysgu'r rhain ar eich cof e.e. ffurfiau afreolaidd *aller.*

Berfau atblygol: Mae gweithred berfau atblygol yn cael ei gwneud i oddrych y frawddeg (y person sy'n gwneud y weithred) e.e. *ymolchi – se laver.a.*

Berfenw: Dyma ffurf y ferf rydych yn ei gweld yn y geiriadur. Yn **Ffrangeg** mae'n gorffen yn **er, ir** neu **re**.

Cenedl: Mae cenedl yn nodi a yw enw'n wrywaidd neu'n fenywaidd.

Cyfystyron: Geiriau sydd â'r un ystyr.

Cysyllteiriau: Geiriau neu ymadroddion sy'n cysylltu dau air neu frawddeg e.e. *oherwydd – parce que.*

Enwau: Geiriau sy'n enwi person, lle, peth neu syniad.

Ffurfiau gorchmynnol: Ffurfiau berfol sy'n cael eu defnyddio wrth roi cyfarwyddiadau neu orchmynion e.e. *donnez !*

Goddrych: Y person neu'r peth yn y frawddeg sy'n gwneud y weithred.

Gradd eithaf: Yr eithaf yw'r *mwyaf* o rywbeth e.e. *y gorau – le mieux, y gwaethaf – le pire, y mwyaf – le plus grand.*

Gradd gymharol: Mae hon yn ffurf ar ansoddair. Mae'n cael ei defnyddio pan fydd ansoddeiriau'n cael eu defnyddio i gymharu dau beth e.e. *gwell – meilleur.*

Gwrthrych: Y gwrthrych yw'r gair/ymadrodd mewn brawddeg y mae'r weithred yn digwydd iddo.

Lluosog: Mwy nag un eitem.

Rhagenwau: Mae rhagenwau'n cael eu defnyddio yn lle enwau e.e. yn lle dweud *Je connais Pierre,* defnyddio'r rhagenw *le* yn lle Pierre – *Je le connais.*

Rhagenwau meddiannol: Mae'r rhain yn eiriau sy'n awgrymu perchenogaeth e.e. *fy nhŷ – ma maison.*

Unigol: Yn cyfeirio at un eitem yn unig (yn hytrach na'r lluosog am fwy nag un eitem).

Y fannod amhendant: *un, une, des.* Yn Gymraeg, nid ydym yn defnyddio'r fannod amhendant o flaen enw e.e. Ysgol gynradd yw hi. Ond yn Ffrangeg, rydym yn dweud *C'est une école primaire.*

Y fannod bendant: *le, la, l', les,* sef ffurfiau *y, yr, 'r* yn Gymraeg.

CRYNODEB GRAMADEG

Dyma'r gramadeg mae angen ei ddysgu a'i ddefnyddio gan bob myfyriwr sy'n astudio TGAU Ffrangeg. Yn yr arholiad Haen Uwch yn unig y bydd rhai o'r pwyntiau gramadeg yn codi. Yn achos rhai pwyntiau gramadeg eraill, dim ond eu hadnabod sydd ei angen – nid oes angen eu defnyddio (ond os ydych eisiau cael marciau uchel am ddefnyddio iaith gymhleth yn eich Ffrangeg ysgrifenedig a llafar, mae'n werth ceisio defnyddio rhai ohonynt).

Mae angen i fyfyrwyr Haen Uwch ddysgu a defnyddio'r pwyntiau gramadeg sydd wedi eu hamlygu yn y lliw hwn, ac mae angen i fyfyrwyr Haen Sylfaenol eu hadnabod (heb o reidrwydd eu defnyddio).

Mae angen i fyfyrwyr Haen Uwch ddysgu unrhyw bwyntiau gramadeg sydd wedi eu hamlygu yn y lliw hwn.

Mae angen i fyfyrwyr Haen Uwch adnabod unrhyw bwyntiau gramadeg sydd wedi eu hamlygu yn y lliw hwn (heb o reidrwydd eu defnyddio).

1. ENWAU   t. 209
- Gwrywaidd a benywaidd
- Ffurfiau unigol a lluosog

2. FFURFIAU'R FANNOD   t. 209
- Ffurfiau'r fannod bendant (*le/la/l'/les*)
- Ffurfiau'r fannod amhendant (*un/une/des*)

3. ANSODDEIRIAU   t. 210
- Gwneud i ansoddeiriau gytuno â'r enw
- Safle ansoddeiriau
- Graddau cymharol ac eithaf
- Ansoddeiriau dangosol (hwn, hon, hwnnw, honno, hyn, hynny)
- Ansoddeiriau amhendant
- Ansoddeiriau meddiannol

4. ADFERFAU   t. 213
- Ffurfio adferfau
- Adferfau cymharol ac eithaf
- Adferfau amser a lle
- Meintiolwyr a chryfhawyr

5. RHAGENWAU   t. 214
- Rhagenwau personol
- Rhagenwau gwrthrychol – uniongyrchol ac anuniongyrchol
- Rhagenwau perthynol (*qui, que, qu', dont*)
- Rhagenwau meddiannol
- Rhagenwau dangosol
- Rhagenwau amhendant
- Rhagenwau pwysleisiol

6. ARDDODIAID   t. 218
- Arddodiaid cyffredin
- Berfau a ddilynir gan arddodiaid
- Cysylteiriau cyffredin

7. RHIFAU, DYDDIADAU A'R AMSER   *t. 219*
- Rhifolion
- Trefnolion (cyntaf, ail, trydydd etc.)
- Dyddiau'r wythnos, y misoedd a'r tymhorau
- Dyddiadau
- Yr amser

8. YMADRODDION AMSER   *t. 222*
- Depuis que – ers

9. FFURFIAU NEGYDDOL   *t. 223*

10. GOFYN CWESTIYNAU (FFURFIAU GOFYNNOL)   *t. 223*

BERFAU
11. AMSER PRESENNOL   *t. 224*
- Berfau rheolaidd
- Berfau afreolaidd
- Berfau atblygol
- Rhangymeriad presennol

12. AMSER DYFODOL   *t. 227*

13. AMSER AMODOL   *t. 227*

14. AMSER PERFFAITH   *t. 228*

15. AMSER AMHERFFAITH   *t. 229*

16. AMSER GORBERFFAITH   *t. 230*

17. AMSERAU'R FERF GYDA *SI*   *t. 230*

18. FFURFIAU GORCHMYNNOL (GORCHMYNION)   *t. 230*

19. Y GODDEFOL   *t. 230*

20. MODD DIBYNNOL   *t. 231*
- Modd dibynnol presennol

21. VENIR DE   *t. 231*

22. BERFENW PERFFAITH   *t. 231*

23. TABLAU BERFAU   *t. 232*
- Berfau rheolaidd   *t. 232*
- Berfau afreolaidd cyffredin   *t. 232*
- Berfau afreolaidd   *t. 240*

1. ENWAU

GWRYWAIDD A BENYWAIDD

Geiriau yw enwau sy'n enwi pethau, pobl a syniadau. Yn Ffrangeg, mae pob enw naill ai'n wrywaidd neu'n fenywaidd e.e. *le livre, la table*.

FFURFIAU UNIGOL A LLUOSOG

I wneud enwau yn lluosog, fel arfer rydych yn:

- Ychwanegu **s** at enwau sy'n gorffen mewn llafariad e.e. *livre → livres*
- Newid y terfyniad **-al** i **-aux** e.e. *animal → animaux*
- Newid y terfyniad **-ou** i **-oux** e.e. *bijou → bijoux*
- Newid y terfyniad **-eau** i **-eaux** e.e. *chapeau → chapeaux*
- Newid y terfyniad **-eu** i **-eux** e.e. *feu → feux*

Mae rhai ffurfiau lluosog sy'n eithriadau e.e.

- *l'œil → les yeux*
- *le nez → les nez*
- *l'os → les os*
- *le prix → les prix*
- *le temps → les temps*

2. FFURFIAU'R FANNOD

FFURFIAU'R FANNOD BENDANT (LE/LA/L'/LES)

Yn Ffrangeg, mae'r gair am **y/yr/'r** yn newid yn ôl a yw'r enw sy'n mynd gydag ef yn wrywaidd, yn fenywaidd neu'n lluosog e.e. *le garçon → les garçons, la maison → les maisons*.

- Pan fydd yr arddodiad **à** yn dod o flaen ffurfiau'r fannod bendant *le/la/l'/les*, y ffurfiau yw **au/à la/à l'/aux**.

  e.e. *à la gare*.

- Pan fydd yr arddodiad **de** yn dod o flaen ffurfiau'r fannod bendant *le/la/l'/les*, y ffurfiau yw: **du/de la/de l'/des**

  e.e. *des baguettes*.

FFURFIAU'R FANNOD AMHENDANT (UN/UNE/DES)

- Gallwch adael **un/une/des** allan wrth sôn am swyddi pobl e.e. *mon père est technicien*.

3. ANSODDEIRIAU

GWNEUD I ANSODDEIRIAU GYTUNO Â'R ENW

- Yn Ffrangeg, mae gan bob ansoddair (gair sy'n disgrifio enwau, pobl a phethau) derfyniadau gwahanol yn ôl cenedl y gair – a yw'n wrywaidd, yn fenywaidd neu'n lluosog. Mewn geiriau eraill, mae'n rhaid i ansoddeiriau *gytuno* bob amser â'r enw. e.e. *joli/jolie/jolis/jolies*.

- Fel arfer rydych yn troi ansoddair yn fenywaidd drwy ychwanegu 'e'. Os yw'r gair yn gorffen gydag 'e' yn barod, nid yw'n newid e.e. *jeune*.

- Mae gan sawl ansoddair ffurf fenywaidd afreolaidd. Dyma rai y gallech ddod ar eu traws (y ffurfiau unigol yw'r rhain):

Gwrywaidd	Benywaidd	Cymraeg
ancien	ancienne	hen, cyn-
bas	basse	isel
beau	belle	hardd
blanc	blanche	gwyn
bon	bonne	da
cher	chère	annwyl; drud
doux	douce	melys; mwyn
faux	fausse	anghywir
favori	favorite	hoff
fou	folle	ffôl, gwallgof
frais	fraîche	ffres, oer
gentil	gentille	caredig
gras	grasse	bras
gros	grosse	mawr, tew
jaloux	jalouse	cenfigennus
long	longue	hir
nouveau	nouvelle	newydd
premier	première	cyntaf
public	publique	cyhoeddus
sec	sèche	sych
vieux	vieille	hen

- Mae rhai ansoddeiriau sy'n cael eu defnyddio o flaen enw unigol gwrywaidd sy'n dechrau gydag 'h' yn newid hefyd. Y rhai mwyaf cyffredin yw *un bel homme* ac *un nouvel hôtel*.

- I wneud ansoddair yn lluosog ychwanegwch 's' at ddiwedd yr ansoddair gwrywaidd neu fenywaidd e.e. *mes propres vêtements*.

SAFLE ANSODDEIRIAU

- Mae'r rhan fwyaf o ansoddeiriau yn Ffrangeg yn mynd ar ôl yr enw maen nhw'n ei ddisgrifio e.e. *la voiture blanche, le garçon intelligent*.

- Mae'r ansoddeiriau canlynol yn mynd o flaen yr enw: *beau, bon, excellent, gentil, grand, gros, jeune, joli, long, mauvais, même, meilleur, nouveau, petit, vieux, vilain*.

- Mae rhai ansoddeiriau'n newid eu hystyr yn ôl eu safle – o flaen neu ar ôl yr enw. Dyma'r rhai mwyaf cyffredin:

un cher ami	ffrind annwyl
un portable cher	ffôn drud
un ancien ami	cyn-ffrind
un bâtiment ancien	hen adeilad
ma propre chambre	fy ystafell wely innau
ma chambre propre	fy ystafell wely lân

GRADDAU CYFARTAL, CYMHAROL AC EITHAF

- Mae ansoddeiriau cyfartal yn cael eu defnyddio i ddweud bod dau beth yn gyfartal e.e. mor swnllyd â etc.

- Mae ansoddeiriau cymharol yn cael eu defnyddio i gymharu dau beth ac i ddweud bod un yn fwy, yn llai, yn well etc. na'r llall.

- Mae ansoddeiriau eithaf yn cael eu defnyddio i gymharu dau beth ac i ddweud pa un yw'r gorau, y gwaethaf, y mwyaf etc.

- I ffurfio ffurfiau cyfartal, cymharol ac eithaf ansoddeiriau sy'n mynd o flaen yr enw, rydych yn defnyddio'r patrwm canlynol:

Cyfartal		Cymharol		Eithaf	
aussi	(mor)	plus	(mwy)	le/la/l'/les plus	(y mwyaf)
aussi fort	(mor gryf)	plus fort	(yn gryfach)	le plus fort la plus forte les plus fort(e)s	(y cryfaf)
		moins	(llai)	le/la/l'/les moins	(y lleiaf)
		moins fort	(llai cryf)	le moins fort la moins forte les moins fort(e)s	(y lleiaf cryf)

* Yn y tri achos hyn rydych yn defnyddio **que** i wneud cymhariaeth e.e. *Arnaud est plus fort que Philippe* (Mae Arnaud yn gryfach na Philippe), *Les lions sont aussi forts que les tigres* (Mae llewod mor gryf â theigrod).

- Dyma'r patrwm ar gyfer ansoddeiriau sy'n mynd ar ôl yr enw:

Une émission plus amusante (cymharol)   Rhaglen fwy difyr/doniol.
L'émission la plus amusante (eithaf)   Y rhaglen fwyaf difyr/doniol

Nodwch fod **l'** a **la** yn cael eu hailadrodd yn y ffurf eithaf.

ANSODDEIRIAU DANGOSOL (HWN, HON, HYN, HWNNW, HONNO, HYNNY)

Gwrywaidd	Benywaidd	Lluosog
ce (cet o flaen 'h' neu lafariad)	cette	ces

'*Ce/cet/cette/ces*' yn Gymraeg yw 'y . . . hwn/hon/hwnnw/honno/hyn/hynny' e.e.

ce livre	y llyfr hwn/hwnnw
cet hôtel	y gwesty hwn/hwnnw
cette chambre	yr ystafell hon/honno
ces élèves	y disgyblion hyn/hynny

ANSODDEIRIAU AMHENDANT

autre	arall/eraill e.e. *Les autres élèves étudient l'anglais, J'ai une autre copine !*
chaque	pob e.e. *Chaque élève a un portable, chaque voiture*
même	yr un e.e. *Il a vu le même match, Elle a la même jupe*
plusieurs	sawl, nifer o e.e. *J'ai plusieurs jeux vidéo*
quelque(s)	rhai, peth e.e. *Pendant quelque temps, Quelques élèves ont oublié les devoirs*
tel, telle, tells, telles	y fath e.e. *un tel garçon, de telles voitures*
tout, toute, tous, toutes	i gyd e.e. *tous les garçons, toutes les matières*

ANSODDEIRIAU MEDDIANNOL

Rydym yn defnyddio ansoddeiriau meddiannol i fynegi perchenogaeth e.e. fy, eich, ei. Mae'n rhaid i ansoddeiriau meddiannol gytuno â chenedl yr enw sy'n eu dilyn – *ac nid* y person sy'n 'berchen ar' yr enw.

	Gwrywaidd	Benywaidd	Lluosog
fy	mon	ma	mes
dy	ton	ta	tes
ei ... ef/ei ... hi	son	sa	ses
ein	notre	notre	nos
eich	votre	votre	vos
eu	leur	leur	leurs

e.e. *mes parents* (fy rhieni), *tes amis* (dy ffrindiau), *notre professeur* (ein hathro).

4. ADFERFAU

FFURFIO ADFERFAU

- Rydych yn defnyddio adferfau fel arfer gyda berf i esbonio sut, pryd, ble neu i ba raddau mae rhywbeth yn digwydd. Mewn geiriau eraill maen nhw'n disgrifio sut mae gweithred yn cael ei gwneud (yn gyflym, yn rheolaidd, yn wael etc.) e.e. *Je joue au tennis rarement* (Rwy'n chwarae tennis yn anaml).

- Mae llawer o adferfau yn Ffrangeg yn cael eu ffurfio drwy ychwanegu **-ment** at ffurf fenywaidd yr ansoddair e.e. *heureuse* → *heureusement*

- Yn Ffrangeg, mae adferfau mewn brawddeg yn mynd ar ôl y ferf fel arfer e.e. *Je vais **souvent** en ville* (Rwy'n mynd i'r dref yn aml).

ADFERFAU CYMHAROL AC EITHAF

- Fel gydag ansoddeiriau, gallwch hefyd wneud cymariaethau gydag adferfau gan ddefnyddio *plus que* a *moins que* e.e. *J'arrive **moins rapidement** en train **qu'**en bus* (Rwy'n cyrraedd yn llai cyflym mewn trên nag mewn bws). Nid oes fersiwn benywaidd neu wrywaidd.

- Yn yr un modd, gallwch hefyd ddefnyddio adferfau eithaf e.e. *aller au cinéma est **l'**activité que je fais la **plus régulièrement*** (mynd i'r sinema yw'r gweithgaredd rwy'n ei wneud amlaf).

ADFERFAU AMSER A LLE

Mae rhai adferfau defnyddiol yn cynnwys:

Lle:

dedans	y tu mewn
dehors	y tu allan
ici	yma
là-bas	fan draw
loin	yn bell
partout	ym mhobman

Amser:

après-demain	y diwrnod ar ôl yfory/drennydd
avant-hier	y diwrnod cyn ddoe/echdoe
aujourd'hui	heddiw
déjà	yn barod
demain	yfory
hier	ddoe
le lendemain	y diwrnod canlynol

MEINTIOLWYR A CHRYFHAWYR

Ceisiwch ychwanegu manylion at eich gwaith llafar ac ysgrifennu yn Ffrangeg drwy gynnwys **meintiolwyr** a **chryfhawyr** e.e.

assez	digon
beaucoup	llawer
un peu	ychydig
très	iawn
trop	gormod

5. RHAGENWAU

RHAGENWAU PERSONOL

Rhagenwau goddrychol yw'r enw ar *je, tu, il, elle, on, nous, vous, ils, elles*. Mae'r rhain yn oddrych berfau.

	Unigol	Lluosog
1	je	nous
2	tu	vous
3	il/elle/on	ils/elles

- Mae **on** yn rhagenw unigol ond gallwch ei gyfieithu fel 'ni' e.e. *On va au concert* (Rydyn ni'n mynd i'r gyngerdd).

- Cofiwch fod ffyrdd gwahanol o ddweud *ti, chi* yn Ffrangeg, fel yn Gymraeg. Defnyddiwch *tu* pan fyddwch yn siarad ag un person (e.e. o'r un oed â chi pan fyddwch yn ifanc neu y tu mewn i strwythurau teuluol) a *vous* pan fyddwch yn siarad â mwy nag un person. Rydych hefyd yn defnyddio *vous* (chi) mewn sefyllfaoedd ffurfiol (e.e. cyfweliad swydd, siarad â'ch pennaeth, siarad â rhywun dydych chi ddim yn ei adnabod).

RHAGENWAU GWRTHRYCHOL

Mae dau fath o ragenw gwrthrychol: uniongyrchol ac anuniongyrchol.

- **Rhagenwau gwrthrychol uniongyrchol**
  Mae'r rhain yn cael eu defnyddio yn lle enw sydd ddim yn oddrych y ferf – gan ddefnyddio *ef/hi* yn lle'r enw ei hun e.e.

  | *Je te le/la donne.* | Rwy'n ei roi ef/hi i ti. |
  | *Il m'en a parlé.* | Siaradodd â fi amdano. |

- **Rhagenwau gwrthrychol anuniongyrchol**
  Yn Ffrangeg, rydym weithiau eisiau dweud 'iddo ef/iddi hi/iddyn nhw'.

iddo ef	*lui*
iddi hi	*lui*
iddyn nhw	*leur*

  e.e.

  | Rhoddais arian iddo ef. | *Je lui ai donné de l'argent..* |
  | Mae hi'n rhoi arian iddyn nhw. | *Elle leur donne de l'argent.* |

Mae'r tabl isod yn dangos trefn arferol rhagenwau. Mae (1) a (2) yn rhagenwau uniongyrchol, (3), (4) a (5) yn rhagenwau anuniongyrchol.

1	2	3	4	5
me				
te	le			
se	la	lui		
nous	les	leur	y	en
vous				

RHAGENWAU PERTHYNOL

- Rydych yn defnyddio rhagenwau perthynol i gysylltu brawddegau â'i gilydd.

qui	sydd (goddrych)
que	y/yr (gwrthrych)
dont	y/yr (*of which, of whom* yn Saesneg)

e.e.

Voici les enfants qui sont sages.	Dyma'r plant sy'n dda.
Voici les produits bios que vous cherchez.	Dyma'r bwydydd organig yr ydych yn chwilio amdanynt.
Il y a trois chevaux dont deux sont blessés.	Mae tri cheffyl y mae dau ohonynt wedi eu hanafu.

ce qui	beth (goddrych)
ce que	beth (gwrthrych)
ce dont	y/yr (*of which, of whom* yn Saesneg)

e.e.

Dis-moi ce qui est arrivé.	Dwed wrthyf beth sydd wedi digwydd.
Dis-moi ce que le médecin a dit.	Dywedwch wrthyf beth ddywedodd y doctor.
Dis-moi ce dont tu as besoin.	Dwed wrthyf beth sydd ei angen arnat.

- Mae'r rhagenwau perthynol canlynol yn cael eu defnyddio gydag arddodiaid:

lequel (m.)	(y) … yr hwn
laquelle (f.)	(y) … yr hon
lesquels (m.pl.)	(y) … yr hyn
lesquelles (f.pl.)	(y) … yr hyn

e.e.

Voici la table sur laquelle est ton portable.	(yn llythrennol) Dyna'r bwrdd ar yr hwn mae dy ffôn symudol.
	Dyna'r bwrdd lle mae dy ffôn symudol.

- Gallwch gyfuno'r rhagenwau uchod hefyd gydag **à** a **de** i ffurfio:

  auquel (m.)
  à laquelle (f.)
  auxquels (m.pl.)
  auxquelles (f.pl.)
  duquel (m.)
  de laquelle (f.)
  desquels (m.pl.)
  desquelles (f.pl)

e.e.

Ce sont des choses auxquelles je ne pense pas.   Mae'r rhain yn bethau dydw i ddim yn meddwl amdanynt.

Sylwch: mae: **à** yn diyn **penser** gan ffurfio **auxquelles**.

RHAGENWAU MEDDIANNOL

Mae rhagenwau meddiannol yn cael eu defnyddio pan fyddwch eisiau dweud 'fy un i, dy un di, ei un ef, ei hun hi' etc.

Cymraeg	Gwrywaidd	Benywaidd	Lluosog gwrywaidd	Lluosog benywaidd
fy un i / fy rhai i	le mien	la mienne	les miens	les miennes
dy un di /dy rai di	le tien	la tienne	les tiens	les tiennes
ei un ef /ei rai ef	le sien	la sienne	les siens	les siennes
ei hun hi /ei rhai hi	le sien	la sienne	les siens	les siennes
ein hun ni / ein rhai ni	le nôtre	la nôtre	les nôtres	les nôtres
eich un chi /eich rhai chi	le vôtre	la vôtre	les vôtres	les vôtres
eu hun nhw / eu rhai nhw	le leur	la leur	les leurs	les leurs

e.e.

Est-ce que c'est mon portable ?   Ai fy ffôn i yw hwn?
Non, le tien est à la maison.   Nage, mae dy un di gartref.

RHAGENWAU DANGOSOL

- Mae rhagenwau dangosol yn cael eu defnyddio yn lle enw i osgoi ailadrodd yr enw.

- Maen nhw'n cael eu defnyddio yn Ffrangeg i olygu 'yr un, y rhai, hwn, hon, y rhain, hwnnw, honno, y rheini,' etc.

Gwrywaidd	Benywaidd	Unigol/Lluosog	Cymraeg
celui	celle	unigol	yr un
ceux	celles	lluosog	y rhai
celui-ci	celle-ci	unigol	hwn, yr un yma; hon, yr un yma
ceux-ci	celles-ci	lluosog	y rhain, y rhai yma
celui-là	celle-là	unigol	hwnnw, hwnna; honno, honna
ceux-là	celles-là	lluosog	y rheini; y rheina

e.e. *il prendra celui-là* (bydd yn cymryd hwnnw).

RHAGENWAU AMHENDANT

Yn Ffrangeg ar lefel TGAU, byddwch yn gweld bod y rhagenwau amhendant canlynol yn digwydd yn aml ac efallai byddwch eisiau eu defnyddio wrth ysgrifennu neu siarad:

quelqu'un	rhywun e.e. *Quelqu'un a laissé le robinet ouvert.*
quelque chose	rhywbeth e.e. *J'ai mangé quelque chose de nouveau.*
quelque part	rhywle e.e. *Quelque part dans le monde.*
tout le monde	pawb e.e. *Tout le monde doit recycler.*
personne ne …	neb e.e. *Personne ne veut recycler.*

RHAGENWAU PWYSLEISIOL

Yn Ffrangeg pan fyddwch eisiau dweud, er enghraifft, 'yn fy nhŷ i' neu 'gyda hi', ac rydych eisiau defnyddio *chez* neu *avec*, mae angen i chi ddefnyddio'r rhagenw pwysleisiol e.e. *chez moi* (yn fy nhŷ i), *avec elle* (gyda hi). Edrychwch ar y tabl isod am restr o ragenwau pwysleisiol.

moi	mi, fi
toi	ti (unigol)
lui	ef
elle	hi
nous	ni
vous	chi (lluosog/cwrtais)
eux	nhw (gwrywaidd)
elles	nhw (benywaidd)

6. ARDDODIAID

Mae arddodiaid yn eiriau cysylltu sydd fel arfer yn awgrymu cyfeiriad, lleoliad neu amser. Fel yn Gymraeg, yn Ffrangeg mae mwy nag un ffordd o gyfieithu arddodiad yn aml. Er enghraifft, gallech gyfieithu **yn** i'r Ffrangeg drwy ddefnyddio **en** neu **à**.

ARDDODIAID CYFFREDIN

Cyn/o flaen/yn barod:

avant	(cyn + amser) e.e. *avant le dîner* (cyn cinio)	
déjà	(yn barod) e.e. *Je l'ai déjà vu* (Rydw i wedi ei weld yn barod)	
devant	(o flaen) e.e. *devant l'ordinateur* (o flaen y cyfrifiadur)	

Yn/mewn:

à	e.e. *à Lyon* (yn Lyon), *à la mode* (yn ffasiynol, mewn ffasiwn), au pays de Galles
dans	e.e. *dans un magasin* (mewn siop)
en	e.e. *en France* (yn Ffrainc)

Ar:

à	e.e. *à gauche* (ar y chwith)
en	e.e. *en vacances* (ar wyliau)
sur	e.e. *sur les réseaux sociaux* (ar y cyfryngau cymdeithasol)

BERFAU A DDILYNIR GAN ARDDODIAID

- Yn aml gall berfau yn Ffrangeg gael eu dilyn yn syml gan ferfenw e.e. *Je sais nager* (Rwy'n gallu nofio), *Tu veux venir ?* (Wyt ti eisiau dod?)

- Yn achos nifer o ferfau, mae angen arddodiad o flaen y berfenw e.e. *faire* sy'n dilyn. Dyma rai o'r rhai mwyaf cyffredin:

aider à	helpu i
apprendre à	dysgu sut i
commencer à	dechrau
continuer à	parhau i
décider à	penderfynu
inviter à	gwahodd i
réussir à	llwyddo i
s'arrêter de	peidio â
avoir l'intention de	bwriadu
avoir peur de	ofni
avoir besoin de	bod ag angen

CYSYLLTEIRIAU CYFFREDIN

Mae cysyllteiriau yn cael eu defnyddio i ffurfio brawddegau estynedig ac i gynnwys mwy o fanylion mewn Ffrangeg ysgrifenedig a llafar. Y rhai mwyaf cyffredin yw:

car	oherwydd
comme	fel

depuis (que)	ers
donc	felly
lorsque, quand	pan
parce que	oherwydd
puisque	gan
pendant que	tra
tandis que	tra

e.e.

- *Fais comme tu veux !* – Gwna fel rwyt ti eisiau!
- *Il a beaucoup joué au football puisqu'il a voulu être footballeur professionnel.* – Chwaraeodd lawer o bêl-droed gan ei fod eisiau bod yn bêl-droediwr proffesiynol.

7. RHIFAU, DYDDIADAU A'R AMSER

RHIFOLION

Dechreuwch drwy ddysgu'r rhifau 0–30:

0	*zéro*	8	*huit*	16	*seize*	24	*vingt-quatre*
1	*un*	9	*neuf*	17	*dix-sept*	25	*vingt-cinq*
2	*deux*	10	*dix*	18	*dix-huit*	26	*vingt-six*
3	*trois*	11	*onze*	19	*dix-neuf*	27	*vingt-sept*
4	*quatre*	12	*douze*	20	*vingt*	28	*vingt-huit*
5	*cinq*	13	*treize*	21	*vingt et un*	29	*vingt-neuf*
6	*six*	14	*quatorze*	22	*vingt-deux*	30	*trente*
7	*sept*	15	*quinze*	23	*vingt-trois*		

Nesaf, gwnewch yn siŵr eich bod yn gallu cyfrif mewn degau hyd at 100:

10	*dix*
20	*vingt*
30	*trente*
40	*quarante*
50	*cinquante*
60	*soixante*
70	*soixante-dix*
80	*quatre-vingts*
90	*quatre-vingt-dix*
100	*cent*

Gwnewch yn siŵr eich bod yn gallu llenwi'r bylchau rhwng 31–100. Mae'r un patrwm yn parhau yr holl ffordd hyd at 69:

31	*trente et un*	35	*trente-cinq*	39	*trente-neuf*
32	*trente-deux*	36	*trente-six*	40	*quarante*
33	*trente-trois*	37	*trente-sept*		
34	*trente-quatre*	38	*trente-huit*		

Yna mae'r patrwm fel hyn:

70 *soixante-dix*
71 *soixante et onze*

Mae'r patrwm hwn yn parhau hyd at 79. Yna mae'n parhau fel hyn:

80 *quatre-vingts*
81 *quatre-vingt un*
82 *quatre-vingt-deux*

Mae'r patrwm hwn yn parhau hyd at 89. Yna mae'n:

90 *quatre-vingt-dix*
91 *quatre-vingt-onze*

Mae'r patrwm hwn yn parhau hyd at 99. O 100 i fyny mae'n:

100	*cent*
101	*cent un*
200	*deux cents*
211	*deux cent onze*
1000	*mille*
2000	*deux mille*
1,000,000	*un million*

Dyma rifau a meintiau defnyddiol eraill:

une dizaine	tua deg
une douzaine	tua deuddeg, dwsin

TREFNOLION

premier	cyntaf
deuxième	ail
troisième	trydydd
quatrième	pedwerydd
cinquième	pumed
sixième	chweched
septième	seithfed
huitième	wythfed
neuvième	nawfed
dixième	degfed

Fel arfer mae trefnolion yn mynd o flaen yr enw ac yn gweithio fel ansoddeiriau. Mewn geiriau eraill, mae angen iddyn nhw gytuno â'r enwau maen nhw'n eu disgrifio e.e. *mes **premiers** jours* (fy nyddiau **cyntaf**).

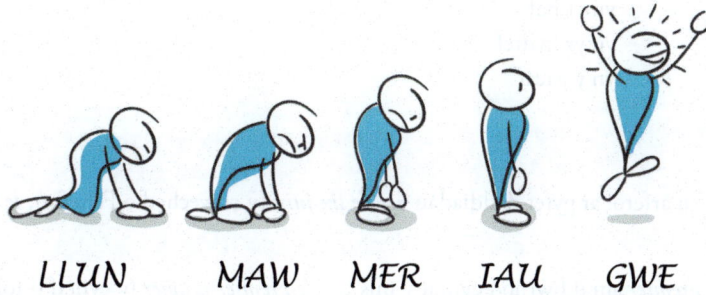

LLUN   MAW   MER   IAU   GWE

DYDDIAU'R WYTHNOS

Nid oes angen priflythyren ar ddyddiau'r wythnos yn Ffrangeg.

lundi	dydd Llun
mardi	dydd Mawrth
mercredi	dydd Mercher
jeudi	dydd Iau
vendredi	dydd Gwener
samedi	dydd Sadwrn
dimanche	dydd Sul

Y MISOEDD

Fel yn achos dyddiau'r wythnos, nid oes angen priflythyren ar y misoedd.

janvier	Ionawr
février	Chwefror
mars	Mawrth
avril	Ebrill
mai	Mai
juin	Mehefin
juillet	Gorffennaf
août	Awst
septembre	Medi
octobre	Hydref
novembre	Tachwedd
décembre	Rhagfyr

I fynegi 'yn ystod mis penodol' defnyddiwch yr arddodiad **en** e.e. *Je vais en Italie **en** mars* (Rwy'n mynd i'r Eidal yn **ystod** mis Mawrth). Gellir hefyd ddweud *au mois de mars* (ym mis Mawrth).

Y TYMHORAU

le printemps	y gwanwyn
l'été	yr haf
l'automne	yr hydref
l'hiver	y gaeaf

au printemps	yn y gwanwyn
en été	yn yr haf
en automne	yn yr hydref
en hiver	yn y gaeaf

DYDDIADAU

- Defnyddiwch rifau arferol ar gyfer dyddiadau e.e. *le six juin* (y chweched o Fehefin), *le trente août* (y degfed ar hugain o Awst).

- Defnyddiwch *le premier* am ddiwrnod cyntaf y mis e.e. *le premier janvier* (y cyntaf o Ionawr).

YR AMSER

- Mae'r ferf **être** yn cael ei defnyddio i ddweud faint o'r gloch yw hi:

Il est une heure	Mae'n un o'r gloch
Il est deux heures	Mae'n ddau o'r gloch
Il est une heure cinq	Mae'n bum munud wedi un
Il est trois heures douze	Mae'n ddeuddeg munud wedi tri
Il est onze heures vingt	Mae'n ugain munud wedi un ar ddeg

- Gallwch dynnu'r munudau oddi wrth yr awr (e.e. deng munud i, pum munud i) drwy ddefnyddio'r gair **moins** (llai):

| *Il est une heure moins dix* | Mae'n ddeng munud i un |
| *Il est trois heures moins vingt-cinq* | Mae'n bum munud ar hugain i dri |

- Rydych yn defnyddio **et demi(e)** (hanner awr wedi) **et quart** (chwarter wedi) a **moins le quart** (chwarter i):

Il est une heure et demie	Mae'n hanner awr wedi un
Il est dix heures et quart	Mae'n chwarter wedi deg
Il est trois heures moins le quart	Mae'n chwarter i dri

- Sylwch:

12.00	*Il est midi*
12.30	*Il est midi et **demi***
00.00	*Il est minuit*
00.30	*Il est minuit et **demi***
14.00	*Il est quatorze heures*

8. YMADRODDION AMSER

DEPUIS QUE – ERS

Mae **depuis** yn cael ei ddefnyddio gyda'r amser presennol pan fyddwch eisiau dweud 'ers' mewn cymal amser.

e.e. *Il a commencé à pleuvoir depuis que je suis sorti.* Mae hi wedi dechrau bwrw glaw ers i mi ddod allan.

9. FFURFIAU NEGYDDOL

Cofiwch safle'r negyddol mewn brawddeg Ffrangeg! e.e. *Je **ne** joue **pas** à la tablette*. Dyma rai o'r ffurfiau negyddol cyffredin y byddwch yn eu defnyddio.

Ffrangeg	Cymraeg
ne ... pas	ni(d), na(d), ddim
ne ... jamais	byth, erioed
ne ... plus	bellach, erbyn hyn, mwyach
ne ... que	dim ond
ne ... rien	dim, dim byd

Sylwch: *ne ... que* e.e. *Je n'ai mangé que des bananes.*   Dim ond bananas fwytais i.

Sylwch: *jamais* e.e. *Je n'ai jamais mangé de bananes.*   Dydw i erioed wedi bwyta bananas.

10. GOFYN CWESTIYNAU (FFURFIAU GOFYNNOL)

Cofiwch fod tair ffordd sylfaenol o ofyn cwestiynau yn Ffrangeg.

1. Codi eich llais ar ddiwedd y gosodiad fel y bydd yn troi'n gwestiwn e.e. *Tu vas au restaurant ce soir ?*
2. Rhoi **Est-ce que** o flaen y frawddeg e.e. *Est-ce que tu vas au restaurant ce soir ?*
3. Newid trefn y goddrych a'r ferf e.e. *Vas-tu au restaurant ce soir ?*

Dyma restr o'r cwestiynau sy'n cael eu defnyddio amlaf:

Comment ?	Sut?
Que ?	Beth?
Qui ?	Pwy?
Où ?	Ble?
Quel/quelle/quels/quelles ?	Pa?
Quand ?	Pryd?
Pourquoi ?	Pam?
D'où ?	O ble?
Combien ?	Faint? Sawl?

BERFAU
11. AMSER PRESENNOL

Mae'r amser presennol yn cael ei ddefnyddio i siarad am bethau sy'n digwydd fel arfer e.e. *normalement je joue au football* (rwy'n chwarae pêl-droed fel arfer), sut mae pethau e.e. *mon collège a mille élèves* (mae gan fy ysgol fil o ddisgyblion) a beth sy'n digwydd nawr e.e. *je fais mes devoirs* (rwy'n gwneud fy ngwaith cartref).

BERFAU RHEOLAIDD

Rhowch amser o'r neilltu bob wythnos i ddysgu patrwm berf. Yn Ffrangeg, mae nifer o ferfau yn yr amser presennol yn dilyn y patrwm 1, 2, 3 isod:

	Math o ferf	Enghraifft	Cymraeg
1.	-er	donn**er**	rhoi
2.	-ir	fin**ir**	gorffen
3.	-re	vend**re**	gwerthu

Cofiwch fod gan bob patrwm 1, 2, 3 derfyniadau gwahanol. Edrychwch ar y tablau berfau canlynol.

1. donner

je donn**e**	rydw i'n rhoi
tu donn**es**	rwyt ti'n rhoi (unigol)
il/elle donn**e**	mae e'n/hi'n rhoi
nous donn**ons**	rydyn ni'n rhoi
vous donn**ez**	rydych chi'n rhoi (unigol/lluosog cwrtais)
ils/elles donn**ent**	maen nhw'n rhoi

2. finir

je fin**is**	rydw i'n gorffen
tu fin**is**	rwyt ti'n gorffen (unigol)
il/elle fin**it**	mae e'n/hi'n gorffen
nous fin**issons**	rydyn ni'n gorffen
vous fin**issez**	rydych chi'n gorffen (unigol/lluosog cwrtais)
ils/elles fin**issent**	maen nhw'n gorffen

3. vendre

je vend**s**	rydw i'n gwerthu
tu vend**s**	rwyt ti'n gwerthu (unigol)
il/elle vend	mae e'n/hi'n gwerthu
nous vend**ons**	rydyn ni'n gwerthu
vous vend**ez**	rydych chi'n gwerthu (unigol/lluosog cwrtais)
ils/elles vend**ent**	maen nhw'n gwerthu

BERFAU AFREOLAIDD

Cymerwch ofal! Yn Ffrangeg, mae llawer o ferfau amser presennol sydd â phatrymau afreolaidd. Dyma rai o'r berfau afreolaidd cyffredin:

aller	mynd
avoir	cael
être	bod
faire	gwneud

aller

je vais	rydw i'n mynd
tu vas	rwyt ti'n mynd (unigol)
il/elle va	mae e'n/hi'n mynd
nous allons	rydyn ni'n nynd
vous allez	rydych chi'n mynd (unigol/lluosog cwrtais)
ils/elles vont	maen nhw'n mynd

avoir

j'ai	mae gen i
tu as	mae gen ti (unigol)
il/elle a	mae ganddo ef/hi
nous avons	mae gennyn ni
vous avez	mae gennych chi (unigol/lluosog cwrtais)
ils/elles ont	mae ganddyn nhw

être

je suis	rydw i
tu es	rwyt ti (unigol)
il/elle est	mae ef/hi
nous sommes	rydyn ni
vous êtes	rydych chi (unigol/lluosog cwrtais)
ils/elles sont	maen nhw

faire

je fais	rydw i'n gwneud
tu fais	rwyt ti'n gwneud (unigol)
il/elle fait	mae e'n/hi'n gwneud
nous faisons	rydyn ni'n gwneud
vous faites	rydych chi'n gwneud (unigol/lluosog cwrtais)
ils/elles font	maen nhw'n gwneud

BERFAU ATBLYGOL

Mae'r berfau atblygol amser presennol yn cynnwys:

se coucher	mynd i'r gwely
*je **me** couche*	rydw i'n mynd i'r gwely
*tu **te** couches*	rwyt ti'n mynd i'r gwely (unigol)
*il/elle **se** couche*	mae e'n/hi'n mynd i'r gwely
*nous **nous** couchons*	rydyn ni'n mynd i'r gwely
*vous **vous** couchez*	rydych chi'n mynd i'r gwely (unigol/lluosog cwrtais)
*ils/elles **se** couchent*	maen nhw'n mynd i'r gwely

RHANGYMERIAD PRESENNOL

Fel arfer rydych yn ffurfio'r rhangymeriad presennol drwy ychwanegu **-ant** at fôn ffurf amser presennol **nous**.

Presennol 'nous'	Rhangymeriad presennol	Cymraeg
nous allons	allant	gan fynd/wrth fynd/yn mynd
nous regardons	regardant	gan edrych ar/wrth edrych ar/yn edrych ar
nous disons	disant	gan ddweud/wrth ddweud/yn dweud

Mae rhai enghreifftiau afreolaidd hefyd:

Presennol 'nous'	Rhangymeriad presennol	Cymraeg
nous avons	ayant	gan gael/wrth gael/yn cael
nous sommes	étant	gan fod/wrth fod
nous savons	sachant	gan wybod/wrth wybod/yn gwybod

Dylech ddefnyddio rhangymeriadau presennol fel hyn gan ddefnyddio **en** e.e. *il est rentré du match **en** chantant* (aeth ef adref ar ôl y gêm gan canu).

12. AMSER DYFODOL

Mae dwy ffordd o ffurfio'r amser dyfodol yn Ffrangeg. Gallwch ddefnyddio naill ai:

1. Amser presennol **aller + berfenw** e.e. *Je **vais** manger un steak..*
2. neu Ychwanegu terfyniadau'r amser dyfodol at y berfenw e.e. *Je **mangerai** un steak.*

Dyma batrwm terfyniadau'r ail ddull: **-ai**, **-as**, **-a**, **-ons**, **-ez**, **-ont**.

Bydd angen dysgu rhai eithriadau e.e. *Je vais aller à Paris. J'irai à Paris.*

13. AMSER AMODOL

Defnyddiwch yr amser amodol pan fyddwch eisiau dweud 'byddai/gallai/dylai'. I ffurfio'r amser hwn, defnyddiwch fôn yr amser dyfodol a therfyniadau'r amser amherffaith.

je finirais	byddwn i'n gorffen
tu finirais	byddet ti'n gorffen (unigol)
il/elle finirait	byddai e'n/hi'n gorffen
nous finirions	bydden ni'n gorffen
vous finiriez	byddech chi'n gorffen (ffurfiol/lluosog)
ils/elles finiraient	bydden nhw'n gorffen

14. AMSER PERFFAITH

Amser perffaith (gorffennol) gydag *avoir*

Mae'r rhan fwyaf o'r berfau yn yr amser perffaith yn cael eu ffurfio drwy ddefnyddio amser presennol y ferf **avoir** ac yna ychwanegu'r rhangymeriad gorffennol.

Math o ferf	Enghraifft	Rhangymeriad gorffennol
berfau **-er**	manger	mangé
berfau **-ir**	finir	fini
berfau **-re**	vendre	vendu

j'ai mangé	bwytais i
tu as mangé	bwytaist ti (unigol)
il/elle a mangé	bwytodd ef/hi
nous avons mangé	bwyton ni
vous avez mangé	bwytoch chi (cwrtais/lluosog)
ils/elles ont mangé	bwyton nhw

Amser perffaith (gorffennol) gydag *être*

Mae'r rhestr hon yn dangos yr holl ferfau sy'n defnyddio amser presennol **être** i ffurfio'r amser perffaith. Mae pob berf atblygol yn cael ei ffurfio yn yr un ffordd.

aller	mynd
arriver	cyrraedd
descendre	mynd i lawr, dod i lawr
devenir	dod yn
entrer	mynd i mewn, dod i mewn
monter	mynd i fyny, dod i fyny
mourir	marw
naître	cael eich geni
partir	gadael
rentrer	mynd yn ôl, dod yn ôl

rester	aros
retourner	dychwelyd
revenir	dod yn ôl
sortir	mynd allan
tomber	cwympo/syrthio
venir	dod

Am eu bod yn cael eu ffurfio gydag amser presennol **être**, bydd yn rhaid i derfyniadau'r berfau gytuno â'r goddrych. Edrychwch ar y ferf **arriver** isod fel enghraifft:

je suis arrivé(e)
tu es arrivé(e)
il est arrivé
elle est arrivée
nous sommes arrivé(e)s
vous êtes arrivé(e)s
ils sont arrivés
elles sont arrivées

15. AMSER AMHERFFAITH

Mae'r amser amherffaith yn cyfeirio at y gorffennol e.e. **Roeddwn i'n/roeddwn i'n arfer**. Y terfyniadau yw:

-ais
-ais
-ait
-ions
-iez
-aient

Defnyddiwch y terfyniadau uchod gyda bôn **nous** o'r amser presennol:

Ffurf bresennol 'nous'	Ffurf amherffaith 'je'	Cymraeg
nous donnons	je donnais	roeddwn i'n rhoi
nous finissons	je finissais	roeddwn i'n gorffen
nous vendons	je vendais	roeddwn i'n gwerthu

Sylwch: mae'r patrwm yr un fath ar gyfer pob berf heblaw **être**.

16. AMSER GORBERFFAITH

Mae'r amser gorberffaith yn cael ei ffurfio gan ddefnyddio amser amherffaith y berfau **avoir/être** gyda'r rhangymeriad gorffennol. Yr un berfau sy'n defnyddio **avoir/être** ag sy'n cael eu defnyddio yn yr amser perffaith e.e. *j'étais allé(e)* (roeddwn i wedi mynd), *il avait mangé* (roedd ef wedi bwyta).

17. AMSERAU'R FERF GYDA *SI*

Gwiriwch y rheol hon am frawddegau estynedig gyda **si**:

- **si + amser presennol** (dyfodol) e.e. *S'il arrive, je te le dirai* (Os cyrhaeddiff e, dywedaf i wrthyt ti).
- **si + amser amherffaith** (amodol) e.e. *Si nous venions, je te téléphonerais* (Pe baen ni'n dod, byddwn yn dy ffonio di).

18. FFURFIAU GORCHMYNNOL (GORCHMYNION)

- Yn Ffrangeg gallwch ffurfio gorchmynion drwy ddefnyddio **tu**, **nous** a **vous** i ffurfio'r amser presennol.
- Cofiwch adael y rhagenw allan (h.y. ti, ni, chi).

Mange !	Bwyta! (unigol)
Mangeons !	Bwytawn!
Mangez !	Bwytewch! (lluosog ac unigol cwrtais)

- Sylwch: ar gyfer berfau sy'n gorffen gydag **-er** bydd angen gadael yr **s** yn y ffurf **tu** allan e.e. **Tu vas → Va !** (Cer!/Dos!)

19. Y GODDEFOL

Mae'r goddefol yn defnyddio'r ferf **être** (bod*)* gyda rhangymeriad gorffennol y ferf. Mae'n cael ei ddefnyddio i ddweud beth sydd wedi cael ei wneud i rywun neu rywbeth.

- Goddefol presennol e.e. *le recyclage est fait* (mae'r ailgylchu yn cael ei wneud)
- Goddefol amherffaith e.e. *j'étais respecté* (roeddwn i'n cael fy mharchu)
- Goddefol perffaith e.e. *J'ai été piqué par une abeille* (rydw i wedi cael fy mhigo gan wenynen).

20. Y MODD DIBYNNOL

MODD DIBYNNOL PRESENNOL

Dim ond ar Haen Uwch TGAU bydd angen i chi adnabod yr amser hwn. Mae'n cael ei ffurfio drwy ddefnyddio bôn trydydd person lluosog yr amser presennol:

Trydydd person lluosog yr amser presennol	Y modd dibynnol ar gyfer y person cyntaf unigol
ils donnent	je donne
ils finissent	je finisse
ils vendent	je vende

Y terfyniadau ar gyfer y modd dibynnol yw **-e**, **-es**, **-e**, **-ions**, **-iez**, **-ent**.

21. *VENIR DE*

Yn Ffrangeg, gallwch ddefnyddio **venir de** i ddweud eich bod chi newydd wneud rhywbeth. Rydych yn defnyddio amser presennol **venir de** a berfenw'r ferf sy'n dilyn e.e. *Je viens d'arriver* (rydw i newydd gyrraedd). Neu gallwch ddefnyddio'r amser amherffaith e.e. *Je venais de partir* (roeddwn i newydd adael).

22. BERFENW PERFFAITH

- Mae'r berfenw perffaith yn cael ei ffurfio drwy ddefnyddio berfenw **avoir** neu ferfenw **être** gyda rhangymeriad gorffennol y ferf. Mae'n golygu 'bod wedi (gwneud)'.

- Mae'n cael ei ddefnyddio amlaf gyda'r geiriau *après avoir* neu *après être* (ar ôl (gwneud)) e.e. *Après avoir vu le film, nous sommes allés manger au restaurant* (Ar ôl gwylio'r ffilm, aethon ni i gael bwyd yn y bwyty).

- Cofiwch, wrth ddefnyddio **être** yn yr amser perffaith, bydd angen i'r rhangymeriad gorffennol gytuno yn ôl a yw'r enw yn wrywaidd, yn fenywaidd neu'n lluosog e.e. *Après être descendues, les filles ont mangé le petit déjeuner* (Ar ôl dod i lawr, bwytaodd y merched frecwast).

23. TABLAU BERFAU

BERFAU RHEOLAIDD

Berfau rheolaidd (-er, -ir, -re)

Berfenw		Presennol	Perffaith	Amherffaith	Dyfodol	Amodol
parler (siarad)	(je)	parle	ai parlé	parlais	parlerai	parlerais
	(tu)	parles	as parlé	parlais	parleras	parlerais
	(il/elle/on)	parle	a parlé	parlait	parlera	parlerait
	(nous)	parlons	avons parlé	parlions	parlerons	parlerions
	(vous)	parlez	avez parlé	parliez	parlerez	parleriez
	(ils/elles)	parlent	ont parlé	parlaient	parleront	parleraient
finir (gorffen)	(je)	finis	ai fini	finissais	finirai	finirais
	(tu)	finis	as fini	finissais	finiras	finirais
	(il/elle/on)	finit	a fini	finissait	finira	finirait
	(nous)	finissons	avons fini	finissions	finirons	finirions
	(vous)	finissez	avez fini	finissiez	finirez	finiriez
	(ils/elles)	finissent	ont fini	finissaient	finiront	finiraient
vendre (gwerthu)	(je)	vends	ai vendu	vendais	vendrai	vendrais
	(tu)	vends	as vendu	vendais	vendras	vendrais
	(il/elle/on)	vend	a vendu	vendait	vendra	vendrait
	(nous)	vendons	avons vendu	vendions	vendrons	vendrions
	(vous)	vendez	avez vendu	vendiez	vendrez	vendriez
	(ils/elles)	vendent	ont vendu	vendaient	vendront	vendraient

BERFAU AFREOLAIDD CYFFREDIN

Berfau afreolaidd -er

manger – bwyta

Dim ond un ffurf afreolaidd sydd gan y ferf *manger*, sef ffurf **nous** yr amser presennol e.e. *nous mangeons*.

commencer – dechrau

Dim ond un ffurf afreolaidd sydd gan y ferf *commencer*, sef ffurf **nous** yr amser presennol: *nous commençons*.

appeler – galw

Amser presennol:

> *j'appe**lle***
> *tu appe**lle**s*
> *il/elle appe**lle***
> *nous appelons*
> *vous appelez*
> *ils/elles appe**lle**nt*

Perffaith	Amherffaith	Dyfodol	Amodol
j'ai appelé	j'appelais	j'appellerai	j'appellerais

Berfau afreolaidd lle mae'r acenion yn newid

acheter – prynu

> *j'achète*
> *tu achètes*
> *il/elle achète*
> *nous achetons*
> *vous achetez*
> *ils/elles achètent*

Perffaith	Amherffaith	Dyfodol	Amodol
j'ai acheté	j'achetais	j'achèterai	j'achèterais

espérer – gobeithio

> *j'espère*
> *tu espères*
> *Il/elle espère*
> *nous espérons*
> *vous espérez*
> *ils/elles espèrent*

Perffaith	Amherffaith	Dyfodol	Amodol
j'ai espéré	j'espérais	j'espérerai	j'espérerais

répéter – ailadrodd

je répète
tu répètes
il/elle répète
nous répétons
vous répétez
ils/elles répètent

Perffaith	Amherffaith	Dyfodol	Amodol
j'ai répété	je répétais	je répéterai	je répéterais

Mae rhai berfau sy'n gorffen gydag **-oyer** neu **-uyer** yn newid yr 'y' i 'i' yn ffurfiau unigol a lluosog y trydydd person.

envoyer – anfon

j'envoie
tu envoies
il/elle envoie
nous envoyons
vous envoyez
ils/elles envoient

Perffaith	Amherffaith	Dyfodol	Amodol
j'ai envoyé	j'envoyais	j'enverrai	j'enverrais

Berfau -ir afreolaidd

courir – rhedeg

je cours
tu cours
il/elle court
nous courons
vous courez
ils/elles courent

Perffaith	Amherffaith	Dyfodol	Amodol
j'ai couru	je courais	je courrai	je courrais

dormir – cysgu

je dors
tu dors
il/elle dort
nous dormons
vous dormez
ils dorment

Perffaith	Amherffaith	Dyfodol	Amodol
j'ai dormi	je dormais	je dormirai	je dormirais

ouvrir – agor

j'ouvre
tu ouvres
il/elle ouvre
nous ouvrons
vous ouvrez
ils/elles ouvrent

Perffaith	Amherffaith	Dyfodol	Amodol
j'ai ouvert	j'ouvrais	j'ouvrirai	j'ouvrirais

partir – gadael

je pars
tu pars
il/elle part
nous partons
vous partez
ils/elles partent

Perffaith	Amherffaith	Dyfodol	Amodol
je suis parti(e)	je partais	je partirai	je partirais

venir – dod

je viens
tu viens
il/elle vient
nous venons
vous venez
ils/elles viennent

Perffaith	Amherffaith	Dyfodol	Amodol
je suis venu(e)	je venais	je viendrai	je viendrais

Berfau -re afreolaidd

boire – yfed

je bois
tu bois
il/elle boit
nous buvons
vous buvez
ils/elles boivent

Perffaith	Amherffaith	Dyfodol	Amodol
j'ai bu	je buvais	je boirai	je boirais

croire – credu

je crois
tu crois
il/elle croit
nous croyons
vous croyez
ils/elles croient

Perffaith	Amherffaith	Dyfodol	Amodol
j'ai cru	je croyais	je croirai	je croirais

dire – dweud

je dis
tu dis
il/elle dit
nous disons
vous dites
ils/elles disent

Perffaith	Amherffaith	Dyfodol	Amodol
j'ai dit	je disais	je dirai	je dirais

écrire – ysgrifennu

j'écris
tu écris
il/elle écrit
nous écrivons
vous écrivez
ils/elles écrivent

Perffaith	Amherffaith	Dyfodol	Amodol
j'ai écris	j'écrivais	j'écrirai	j'écrirais

lire – darllen

je lis
tu lis
il/elle lit
nous lisons
vous lisez
ils/elles lisent

Perffaith	Amherffaith	Dyfodol	Amodol
j'ai lu	je lisais	je lirai	je lirais

mettre – rhoi

je mets
tu mets
il/elle met
nous mettons
vous mettez
ils/elles mettent

Perffaith	Amherffaith	Dyfodol	Amodol
j'ai mis	je mettais	je mettrai	je mettrais

prendre – cymryd

je prends
tu prends
il/elle prend
nous prenons
vous prenez
ils/elles prennent

Perffaith	Amherffaith	Dyfodol	Amodol
j'ai pris	je prenais	je prendrai	je prendrais

vivre – byw

je vis
tu vis
il/elle vit
nous vivons
vous vivez
ils/elles vivent

Perffaith	Amherffaith	Dyfodol	Amodol
j'ai vécu	je vivais	je vivrai	je vivrais

Berfau -oir afreolaidd

pouvoir – gallu, medru

> *je peux*
> *tu peux*
> *il/elle peut*
> *nous pouvons*
> *vous pouvez*
> *ils/elles peuvent*

Perffaith	Amherffaith	Dyfodol	Amodol
j'ai pu	je pouvais	je pourrai	je pourrais

voir – gweld

> *je vois*
> *tu vois*
> *il/elle voit*
> *nous voyons*
> *vous voyez*
> *ils/elles voient*

Perffaith	Amherffaith	Dyfodol	Amodol
j'ai vu	je voyais	je verrai	je verrais

vouloir – eisiau

> *je veux*
> *tu veux*
> *il/elle veut*
> *nous voulons*
> *vous voulez*
> *ils/elles veulent*

Perffaith	Amherffaith	Dyfodol	Amodol
j'ai voulu	je voulais	je voudrai	je voudrais

BERFAU AFREOLAIDD

Berfenw		Presennol	Perffaith	Amherffaith	Dyfodol	Amodol
aller (mynd)	*(je)*	vais	suis allé(e)	allais	irai	irais
	(tu)	vas	es allé(e)	allais	iras	irais
	(il/on)	va	est allé	allait	ira	irait
	(elle)	va	est allée	allait	ira	irait
	(nous)	allons	sommes allé(e)s	allions	irons	irions
	(vous)	allez	êtes allé(e)s	alliez	irez	iriez
	(ils)	vont	sont allés	allaient	iront	iraient
	(elles)	vont	sont allées	allaient	iront	iraient
avoir (cael)	*(j')*	ai	ai eu	avais	aurai	aurais
	(tu)	as	as eu	avais	auras	aurais
	(il/elle/on)	a	a eu	avait	aura	aurait
	(nous)	avons	avons eu	avions	aurons	aurions
	(vous)	avez	avez eu	aviez	aurez	auriez
	(ils/elles)	ont	ont eu	avaient	auront	auraient
être (bod)	*(je)*	suis	ai été	étais	serai	serais
	(tu)	es	as été	étais	seras	serais
	(il/elle/on)	est	a été	était	sera	serait
	(nous)	sommes	avons été	étions	serons	serions
	(vous)	êtes	avez été	étiez	serez	seriez
	(ils/elles)	sont	ont été	étaient	seront	seraient
faire (gwneud)	*(je)*	fais	ai fait	faisais	ferai	ferais
	(tu)	fais	as fait	faisais	feras	ferais
	(il/elle/on)	fait	a fait	faisait	fera	ferait
	(nous)	faisons	avons fait	faisions	ferons	ferions
	(vous)	faites	avez fait	faisiez	ferez	feriez
	(ils/elles)	font	ont fait	faisaient	feront	feraient

CYFEIRIADAU AT FFYNONELLAU

Tudalen 12, 1A(2), Tasg ddarllen hirach: Addaswyd o *Diam's autobiographie* gan Mélanie Georgides.

Tudalen 14, 1A(3), Tasg ddarllen hirach: Addaswyd a thalfyrrwyd o https://fr.news.yahoo.com/lily-rose-depp-d%C3%A9claration-damour-%C3%A0-karl-lagerfeld-183312655.html.

Tudalen 20, 1B(1), Tasg ddarllen fer: Addaswyd o gylchgrawn *Modes et travaux*, Medi 2011.

Tudalen 20, 1B(1), Tasg ddarllen hirach: Addaswyd o gylchgrawn *Prima,* Awst 2014.

Tudalen 22, 1B(2), Tasg ddarllen fer: Detholiad o gwis o *Manuel de survie pour les filles d'aujourd'hui* gan Charlotte Grossetête.

Tudalen 22, 1B(2), Tasg ddarllen hirach: Addaswyd a thalfyrrwyd o https://fr.news.yahoo.com/lily-rose-depp-d%C3%A9claration-damour-%C3%A0-karl-lagerfeld-183312655.html.

Tudalen 25, 1B(3), Tasg ddarllen hirach: Erthygl a addaswyd o *Ouest France*, 6.9.15.

Tudalen 34, 2A(2), Tasg ddarllen fer: Addaswyd o *Guide Evasion en France. Bretagne Nord.* Cyhoeddwr Hachette 2013.

Tudalen 46, 2B(3), Tasg ddarllen hirach: Addaswyd o *Elise ou la vraie vie* gan Claire Etcherelli. Cyhoeddwr Routledge Edition 1985.

Tudalen 54, 3A(1), Tasg ddarllen hirach: Addaswyd o *Coup de Foudre au collège* gan Louise Leroi.

Tudalen 58, 3A(3), Tasg ddarllen fer: Addaswyd o dudalen we o'r Lycée Jacques Brel yn Lyon.

Tudalen 66, 3B(2), Tasg ddarllen fer: Detholiad a addaswyd o fywgraffiad y seren bop o Ffrainc, Mylène Farmer.

Tudalen 80, 4A(3), Tasg ddarllen fer: Holiadur a addaswyd o lyfr am ddeietau, *Le nouveau régime.*

Tudalen 90, 4B(2), Tasg ddarllen fer: Addaswyd o'r cylchgrawn *Phosphore* 8.15.

Tudalen 92, 4B(3), Tasg ddarllen fer: Addaswyd o *Max et Ninon* gan Lilias Nord. Cyhoeddwr Nathan Vacances 2013.

Tudalen 92, 4B(3), Tasg ddarllen hirach: Addaswyd o www.femina.fr.

Tudalen 105, 5A(2), Tasg ddarllen hirach: Addaswyd o *Eugénie Grandet* gan Honoré de Balzac. Cyhoeddwr Le livre de poche Argraffiad 1972.

Tudalen 114, 5B(3), Tasg ddarllen hirach: Addaswyd o *Vendredi ou la vie sauvage* gan Michel Tournier. Cyhoeddwr Gallimard Jeunesse.

Tudalen 124, 6A(2), Tasg ddarllen fer: Detholiad talfyredig o *L'Étranger* gan Albert Camus.

Tudalen 130, 6B(1), Tasg ddarllen hirach: Addaswyd a thalfyrrwyd o *Enzo, 11 ans, sixième 11* gan Joëlle Ecormier. Cyhoeddwr Nathan 2013.

Tudalen 145, 7A(2), Tasg ddarllen hirach: Adroddiadau TripAdvisor o'r bwyty L'Île Verte yn Quiberon.

Tudalen 147, 7A(3), Tasg ddarllen hirach: Addaswyd o *Petits Gâteaux de Grands Pâtissiers* gan Cécile Coulier. Cyhoeddwr Éditions de la Martinière 2012.

Tudalen 156, 7B(3), Tasg ddarllen hirach: Addaswyd o *La mort au Festival de Cannes* gan Brigitte Aubert. Cyhoeddwr Points 2016.

Tudalen 165, 8A(1), Tasg ddarllen hirach: Tri phennill o'r gerdd 'L'environnement' gan Mariche Ahcene.

Tudalen 176, 8B(2), Tasg ddarllen hirach: Addaswyd o *La fabrique du monstre : 10 ans d'immersion dans les quartiers nord de Marseille, la zone la plus pauvre d'Europe* gan Philippe Pujol. Cyhoeddwr broché 2016.

Tudalen 186, 9A(1), Tasg ddarllen fer: Ffynhonnell sydd wedi'i haddasu: Ouest Ffrainc.

Tudalen 188, 9A(2), Tasg ddarllen hirach: Addaswyd o *Stupeur et tremblements* gan Amélie Nothomb. Cyhoeddwr Albin Michel 1999.

Tudalen 198, 9B(3), Tasg ddarllen hirach: *Désolée, je suis attendue* gan Agnès Martin-Lugand. Cyhoeddwr broche 2016.

CYDNABYDDIAETH – LLUNIAU